라미의 꿀맛보장 다이어트 레시피

40kg 감량! No.1 영양사 다이어터!

이주아 지음

북테이북

저자의
말

" 흔한 재료, 쉬운 조리, 냉파 정신!
라미의 꿀맛 레시피가
당신의 마지막 다이어트를 응원합니다! "

'너또다'라는 말을 아시나요? '너, 또 다이어트 하니'의 줄임말이래요.
다이어트 도전과 실패를 반복하는 분들이 많아서 생긴 말이겠죠?
저 역시 가장 많이 들었던 말이에요.
쪘다가 뺐다가 다시 찌고 빼고를 반복한 경험, 다들 있으시죠.

저의 무수한 다이어트의 경험상, 칼로리를 따지며 클린하기만 한
다이어트 식단은 언제고 실패하는 식단이었어요.
클린한 식단으로 감량에 성공해도 강박이 생기기 쉬웠고,
강박으로 인해 몸이 망가지기는 더 쉬웠어요.

before

after

오히려 제대로 먹는 다이어트를 결심하고,
다이어터 기간에는 하루 세 끼 라미 레시피로 감량하고,
유지어터 기간에는 일반식과 라미 레시피를 섞어 먹다보니,
식습관은 개선되고 유지는 더 쉬워졌어요.
맛있는 요리를 제대로 먹으니
체력도 올라서 운동도 놓지 않아 피트니스 대회에 나갈 수 있었고,
특별히 관리 기간을 갖지 않고 바디프로필을 찍기도 했었어요.

칼로리보다 한 끼 식사의 만족감을, 고물가 속에서 가성비를 고민한,
요리 곰손도 쉽게 만들 수 있어 꾸준히 실천 가능한
'잘 빠져서 믿고 먹는 라미 레시피'를
여러분들과 나누고 싶어 열심히 담았습니다.

건강한 감량길을 걷는 여러분의 꿀맛 나는 세상을 응원할게요!

레시피
인증글

라미 레시피를 따라 직접 만들어본 인친님과 독자들의 사진과 글이에요.
여러분의 건강하고 씩씩한 도전을 언제나 응원합니다!

Orbbang

레시피보다 달걀이랑 브로콜리 양을 줄였는데도 샐러드가 많아 빵이 감당하지 못하고 다 잘렸어요.
빵이 작아서 그런 거겠죠?

hel***

엄마가 더 좋아하는 레시피!
저녁은 주로 라미 레시피로 먹는데 엄마가 손 덜었는데 맛도 있다고 넘 넘 좋아하세요.
엄마랑 저랑 둘 다 살 빠졌어요! 덕분에 맛있게 다이어트하는 법을 배웠어요. 너무 감사드려요.

seu****od

다이어트뿐만 아니라 집밥 고민까지 해결!
평소에 집밥으로 해먹을 수 있는 유용한 메뉴들이 많아요. 요리를 잘 하고는 싶은데 몸이 안 따라줬는데 4컷 사진 보면서 몇번 성공하니 자신감이 붙어요. 배달음식에 질렸었는데 건강집밥까지 차릴 수 있게 됐어요!

6na_h_

너무 귀욤뽀짝! 살짝 목메히는 맛을 좋아하는 저에게 딱!

_0.0_nini

아니 이거 단짠단짠 너무 맛있는 거 아닌가요! 간도 딱 맞고 입에도 착착 달라붙고, 참치 볶으면 비릿할 줄 알았는데 전혀 아니고! 레시피도 간단해서 금방 따라하기도 좋아요.

smile****

배는 부른데 살은 빠지는 신박한 경험! 영양사 다이어터라 믿고 일단 4개만 만들어 먹어봤는데, 정말 이틀 만에 1kg가 빠졌어요. 양을 적게 먹은 것도 아닌데 신통하네요.
제대로 안 먹어야 빠진다고 믿는 분들에게 꼭 추천합니다.

pille_pilates

생닭도 아니고 닭가슴살햄 찢어넣고 끓였을 뿐인데 몇 대가 내려오는 전통국밥집 국물 탄생!
뭐죠?! 국물에 밥말아줬더니 아들도 잘 먹어요. 세상 신기하다.
라미님, 천재 맞는 거 같아요.

eu****o

라미님은 다이어트의 천재 만재! 먹부림을 놓지 못하는 다이어트 실패 상습범들을 위한 한줄기 빛 같은 레시피북입니다.

_from.ai

내 최애 김밥레시피! 이제 두부면하면 이게 생각날 정도로 진짜 너무 맛있고, 식감도 너무 좋아요. 만들기도 비주얼도 심플한데 부족함 없는 맛!

kay****

바디프로필 준비할 때도 이후 유지할 때도 꼭 필요한 레시피!
맛없고 건강하기만한 레시피가 절대 아닙니다. 오히려 너무 속세스러운 맛에 당황스럽습니다. 이게 살이 빠진다고?! 행복한 의심이 드는 맛이에요.

라미 레시피 사용설명서

정보 아이콘
몇 인분 또는 몇 회분인지, 조리에 시간이 얼마나 걸리는지, 숙성이 필요하거나 보관이 가능한 요리는 시간과 날짜 등을 알려줍니다.

링크 메뉴
대용량 요리는 한 번 만들어두고 다양한 레시피에 활용할 수 있습니다. 연관 메뉴를 찾아서, 일주일 메뉴를 편하게 구성해보세요.

보너스 레시피
해당 레시피의 재료로 또 다른 메뉴를 만드는 방법이나, 연관된 요리를 알려줍니다. 하나의 레시피로 다양한 요리를 즐길 수 있습니다.

QR코드
QR코드를 스캔하면 해당 메뉴의 요리 과정을 동영상으로 볼 수 있습니다.

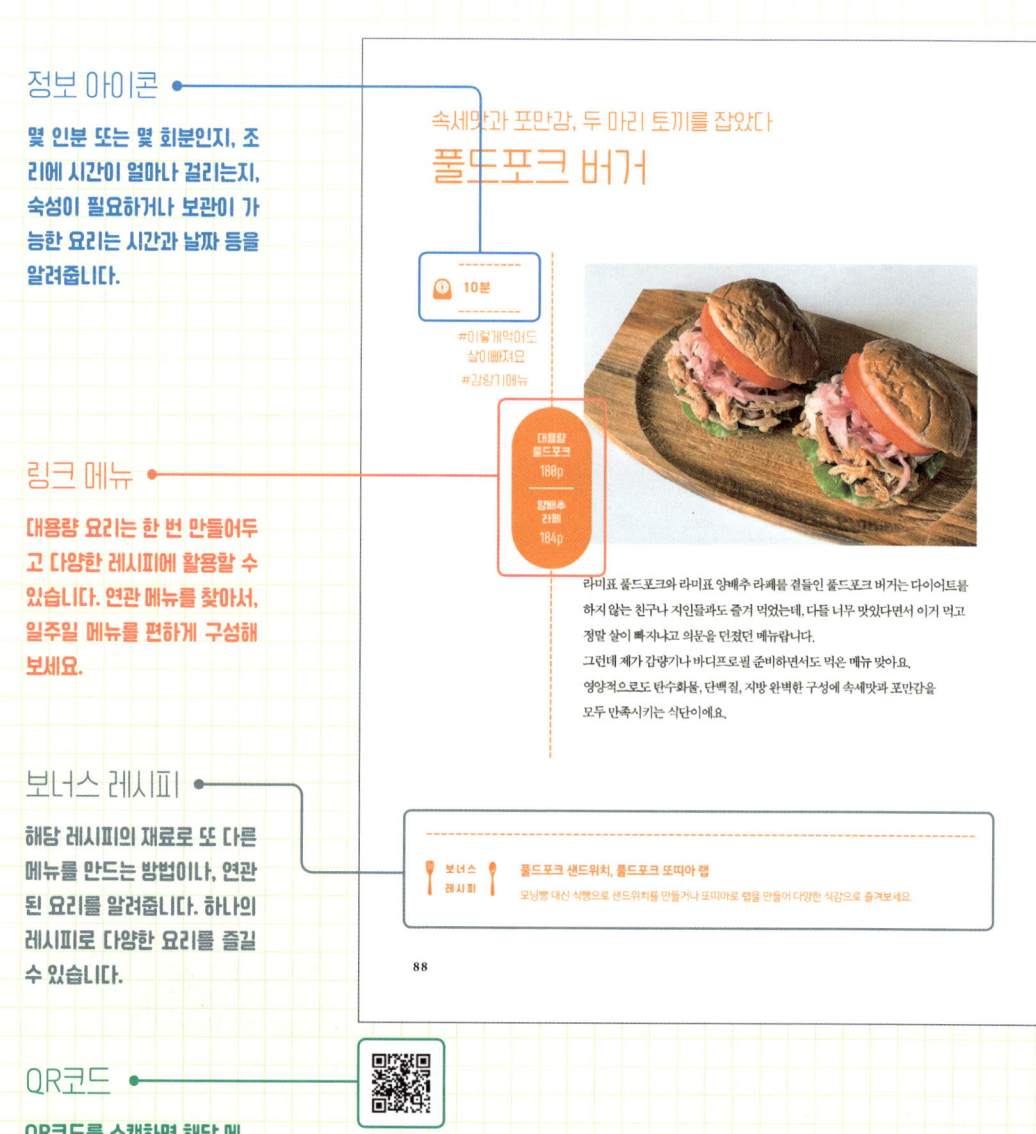

속세맛과 포만감, 두 마리 토끼를 잡았다
풀드포크 버거

10분

\#이렇게먹어도
살이빠져요
\#감량기메뉴

대용량
풀드포크
180p

양배추
라페
184p

라미표 풀드포크와 라미표 양배추 라페를 곁들인 풀드포크 버거는 다이어트를 하지 않는 친구나 지인들과도 즐겨 먹었는데, 다들 너무 맛있다면서 이거 먹고 정말 살이 빠지냐고 의문을 던졌던 메뉴랍니다.
그런데 제가 감량기나 바디프로필 준비하면서도 먹은 메뉴 맞아요. 영양적으로도 탄수화물, 단백질, 지방 완벽한 구성에 속세맛과 포만감을 모두 만족시키는 식단이에요.

보너스 레시피 풀드포크 샌드위치, 풀드포크 또띠아 랩
모닝빵 대신 식빵으로 샌드위치를 만들거나 또띠아로 랩을 만들어 다양한 식감으로 즐겨보세요.

✦ 일러두기

- 1인분 레시피는 몇 인분 또는 몇 회분인지 표시하지 않았어요.
- 보관 기한 표시가 없는 레시피는 만들어 바로 먹기를 권장해요.
- 재료 설명에서 '밥'은 잡곡밥을, 케첩, 머스터드, 마요네즈는 노슈가 제품을 말해요.

주재료
풀드포크 100g, 호밀 모닝빵 2개, 양배추 라페 40g, 상추 2장, 토마토 40g, 양파 20g

양념
머스터드 1큰술, 마요네즈 1큰술

재료 및 계량
필요한 재료와 양을 알려줍니다. 양념은 요리에 들어가는 순서대로 정리했어요.

만드는 법

1 토마토와 양파는 슬라이스하고 상추는 씻어 꼭지를 자르고 물기를 잘 제거한다.

2 빵은 가로로 반을 가른다.

3 빵 양면에 머스터드와 마요네즈를 펴바른다.
간단하게 스리라차 1큰술만 뿌려도 OK!

4 빵 - 상추 - 풀드포크 - 양배추 라페 - 토마토 - 양파 - 빵 순으로 얹어 완성한다.

만드는 법
요알못도 쉽게 따라할 수 있는 초간단 레시피입니다. 최대 4컷으로 구성된 직관적인 사진으로 요리를 쉽게 알려줍니다.

양배추 라페가 없다면?
양배추를 채썰어 식초 1큰술, 스테비아 0.3큰술, 소금 2꼬집에 버무려 10분간 절인 뒤 물기를 제거하고 사용하세요. 그런데 양배추가 없어도 맛있어요.

더 알아두세요
요리가 좀더 편해지는 요령, 입맛에 따라 요리의 맵기와 간을 조절하는 방법을 담았습니다.

팁
조리 과정에서 특별히 유의해야 하는 사항이나 다른 조리도구로 만드는 방법, 같이 먹으면 좋을 소스 만드는 법을 소개합니다.

차례

저자의 말 2
레시피 인증글 4
라미 레시피 사용설명서 6
재료 계량하기 12
가성비 다이어트 식재료 14
짠테크 장보기 요령 16

제철 식재료 리스트 18
마트별 추천 아이템 BEST 3 20
재료별 찾아보기 238

특별부록 ❶ 1주일 3만원 식단표
특별부록 ❷ 냉장고 지도

1
모두가 즐거운
특식&홈파티 요리

다이어트 나시고렝 26
봄나물 오일파스타 28
라이스페이퍼 양장피 30
다이어트 스키야키 32
육회 군함말이 34
오징어 알리오 올리오 36
다이어트 부추빵 38
들깨 샤브샤브 40
토마토 마리네이드 냉파스타 42
라따뚜이 샌드위치 44
고구마 뇨끼 46
면두부 탄탄면 48
천사채 얌운센 50
토마토 오픈 토스트 52
참치 불고기 오픈 샌드위치 54

2
뼛속까지 한식 러버!
국, 찌개, 밥, 찜

초간단 고추장 육회비빔밥 58
단짠매콤 오징어 소면 60
비벼 먹는 청국장 62
오트밀 시골맛 고추장떡 64
순두부 들깨탕 66
저염 돌솥알밥 68
참치 고추장찌개 70
구운 두부 미역국 72
콩닭찜(콩나물 닭가슴살 찜) 74
엄마맛 오징어 고추장찌개 76
오징어 땅콩 덮밥 78
단짠 가지구이 덮밥 80
볶음김치 삼각 두부샌드 82

3
쓱, 싹, 뚝딱!
초초초간단
찐 10분컷 요리

오트밀 3치죽 86
풀드포크 버거 88
흑임자 그릭 샌드 90
오트밀 단팥죽 91
보들보들 달걀카레 92
세발나물 오트밀전 94
오트밀 콘치즈전 96
오트밀 피자죽 98
전자레인지 라따뚜이 100
암버터 샌드위치 102
빵빵지 샌드위치 104
화이트 라구 피자 106
로제 라구 샌드위치 108
참치 불고기 실곤약 볶음면 110
드라이 카레 마늘빵 112
드라이 카레 그라탕 114

4
식비도 다이어트!
짠테크 냉파 요리

칠리 게살덮밥 118
세발나물 샌드위치 120
닭가슴살 오트밀 크레페 랩 122
크림탕 124
두부선 126
천사채 달걀 만두 128
팽이버섯 순두부 매콤조림 130
멕시칸 샐러드 샌드위치 132
카스텔라 달걀치즈구이 샌드 134
순두부 양파 덮밥 136
오트밀 카레전 138
오트밀 김전 140
쏘야 볶음면 142
치킨 데리야끼 오차즈케 144

5
가성비&
가심비 모두 갓벽!
다이어트 김밥

게맛살 롤초밥 148
다이어트 꼬마김밥 150
세발나물 김밥 152
달걀 와사비마요 김밥 154
풀드포크 사각 김밥 156
소시지 땡초 김밥 158
후무스 김밥 160
진미채 당근 김밥 162
양배추 라페 김밥 164
다이어트 묵참 김밥 166
상큼 해초 김밥 168
콩나물 김밥 170
면두부 샐러드 김밥 172
김치 치즈 김밥 174

6
주말에 준비하고
일주일이 편해지는
대용량 요리&건강 소스

대용량 다이어트 강된장 178
다이어트 대용량 풀드포크 180
대용량 함박스테이크 182
양배추 라페 184
대용량 드라이 카레 186
저당 단팥 188
다이어트 토마토 마리네이드 190
다이어트 화이트 라구 192
저염저당 데리야끼 소스 194
노슈가 오리엔탈 드레싱 195
노슈가 흑임자 드레싱 196
옐로우 시저 드레싱 197

7
온가족 함께 먹는
저염 밥반찬&밑반찬

8
입터짐을 막아주는
고단백&건강 간식

노슈가 멸치볶음 200
단짠 병아리콩 자반 202
양념 생깻잎지 204
참치 불고기 206
고단백 구운 수제어묵 208
달걀 고추장조림 210
진미채 초무침 212
단짠 버섯 장아찌 214
양배추 물김치 216

저탄수 프로틴 팬케이크 220
말차 프로틴 스프레드 222
오트밀 당근케이크 224
홈메이드 노슈가 배잼 226
노슈가 파인애플청 228
오프 찰도넛(오트밀 프로틴 찰도넛) 230
초간단 닭가슴살칩 232
프로틴 찰떡 234
달콤 면두부 라면땅 236

보너스 레시피

간장 육회, 고추장 육회 34
육회 치즈 군함말이, 육회 김밥 35
단호박 뇨끼 46
얼큰 탄탄 국밥 51
소금 육회비빔밥, 간장 육회비빔밥 58
오징어 간장 비빔국수 61
닭가슴살 장떡, 두부 장떡 65
저염 비빔밥 68
닭가슴살 고추장찌개 71
오트밀 미역죽 72
콩나물 해물찜 75
오징어 짬뽕, 맑은 오징어뭇국 76
오징어 덮밥 78
오징어 땅콩 소면 79
매콤 가지구이 덮밥 81
저염저당 돼지김치볶음 83
풀드포크 샌드위치, 풀드포크 또띠아 랩 88
푸팟퐁커리 93
바삭쫀득 세발나물 티피오카전 95
할라피뇨 오트밀 피자죽 99
앙그릭 샌드위치, 저당 단팥빵 103
초간단 고추기름 105
매콤 로제 라구 샌드위치 109
마늘빵 소스 113
칠리 새우 덮밥, 칠리 오징어 덮밥 118
홈메이드 오트밀 크레페 122
천사채 당면 잡채 129
팽이버섯 순두부 간장조림,
　　팽이버섯 순두부 카레조림 130
카스텔라 달걀찜 134

수란 만들기 136
매콤 쏘야 볶음면 142
다이어트 버전 쏘야 143
가다랑어포 간장 달걀밥 148
대용량 후무스 160
비건 후무스 김밥 161
매콤 진미채 162
매콤 진미채 당근 김밥 163
묵은지 게맛살 김밥, 묵은지 닭가슴살 김밥 166
해초무침 169
콩나물무침 171
다이어트 김치볶음밥 175
강된장 비빔밥, 강된장 찌개, 강된장 면두부 볶음면 178
촉촉버전 노슈가 스테이크 소스 180
꾸덕버전 노슈가 스테이크 소스 182
당근 라페 184
저당 단팥라떼 188
토마토 라구 192
멸치볶음 주먹밥 200
콩자반 202
양념 깻잎찜 204
새우 수제어묵, 오징어 수제어묵 208
진미채 초무침 비빔밥 212
진미채 초무침 비빔면 213
다이어트 맛간장 214
배추 물김치, 매콤 물김치 216
흑임자 스프레드 222
파인애플 에이드, 파인 그린 스무디 229
땅콩빵 찰도넛 230
매콤 라면땅 236

재료 계량하기

	1큰술	0.5큰술	0.3큰술
밥숟가락 가루 계량			
밥숟가락 액체 계량			
밥숟가락 장류 계량			

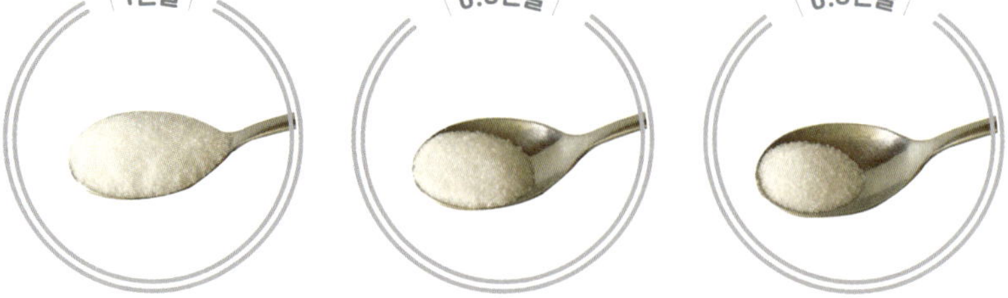

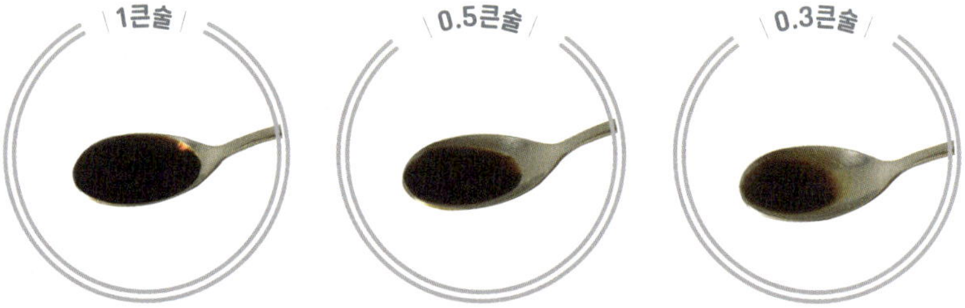

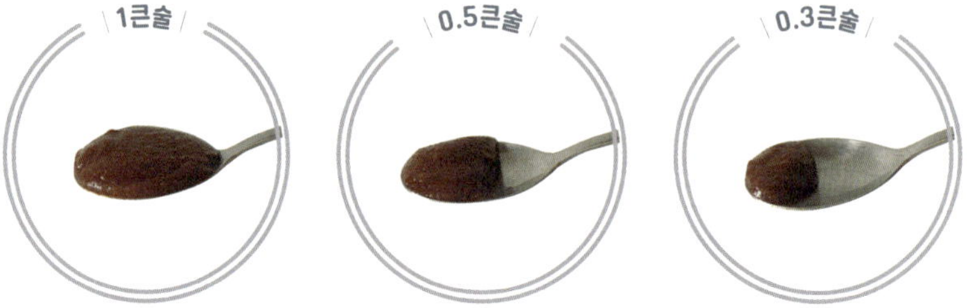

* 이 책에 나오는 재료(양념) 중 분량이 제시되지 않은 것은 한 꼬집이 채 되지 않는 양으로, 취향껏 간하면 됩니다.

라미표 장바구니 필수템
가성비 다이어트 식재료

양배추

양배추는 풍부한 식이섬유소가 포만감과 활발한 장운동에 도움을 주며, 비타민U가 들어 있어 위에도 굉장히 좋아요. 영양성분이 좋을 뿐만 아니라, 한 통을 사면 큼직하게 썰어서 양배추찜이나 채를 썰어 샐러드로 만들어 먹을 수 있습니다. 또 볶음밥이나 각종 볶음 요리, 조림 등에 넣으면 음식을 푸짐하게 만들어주는 서브 재료로 활용할 수 있는 가성비 좋은 재료랍니다. 책에 소개된 대용량 요리와 다양한 활용 요리를 통해 양배추 '완통'하세요!

두부/순두부

두부(콩)는 식물성 단백질이 풍부하고, 식단을 가볍게 만들어주는 식재료예요. 특히 식물성 에스트로겐이라 불리는 이소플라본이 다량 함유되어 있어 여성에게 추천하는 식재료입니다. 요즘은 모두부 외에도 면두부, 쌈두부, 얼린 두부 등 다양한 두부 가공식품이 비교적 착한 가격에 나오고 있어 질리지 않는 다이어트 식단을 만들 수 있죠.
순두부는 두부보다 착한 가격에 양이 많지만 소화는 쉬운 식재료라 활용도가 높아요. 다이어터도 배부르게 먹을 수 있도록 도와준답니다.

양배추 라페 184p

멕시칸 샐러드 샌드위치 132p

두부선 126p

순두부 양파 덮밥 136p

콩나물/숙주나물

우리나라는 4계절의 영향으로 식재료 가격 변동이 들쑥날쑥해요. 콩나물과 숙주나물은 이런 계절 영향을 덜 받는 채소라 가격 변동이 크지 않고, 편하게 구할 수 있는 국민 식재료입니다. 배불리 양껏 먹어도 칼로리는 낮고 식이섬유는 풍부한데, 요리도 쉬운 어렵지 않은 식재료랍니다.

퀵오트밀/생오트밀가루

오트밀 가루는 다이어트를 하지 않더라도 건강 식재료로 인기를 얻고 있죠. 저는 그중에서 퀵오트밀과 생오트밀가루를 자주 장바구니에 담아요. 잘게 쪼갠 퀵오트밀은 빠른 조리가 가능하고, 생오트밀가루는 밀가루를 대체해 간편하게 이용할 수 있기 때문입니다. 쓸모가 많은 퀵오트밀과 생오트밀가루는 식단에 지출되는 비용들을 아껴줄 수 있으니 사두는 것을 추천해요.

달걀

닭가슴살만큼 좋은 단백질원이 달걀이죠. 특히 달걀은 다른 육류 단백질과 달리 삶거나 프라이만 해도 맛있으니 피곤하거나 급할 때 손이 가는 '편한' 식재료입니다.

콩닭찜 74p

콩나물 김밥 170p

12년차 영양사의
짠테크 장보기 요령

1
대용량 제품에 욕심내지 말기!

대형마트에 대용량으로 싸게 판매하는 식재료들이 많죠. 하지만 다 못 먹고 버리면 더 손해잖아요. 저는 대용량 식재료는 나눠 먹을 수 있는 친구나 가족이 있을 때만 구입해요. 싼 가격보다 기한 내에 '신선하게' 재료를 사용할 수 있는지 고민하고 구매하세요.

2
대용량 식재료는 밀키트&밀프랩으로!

그래도 할인율이 높아 대량으로 식재료를 샀다면, 소분 후 냉장고에 메뉴 메모를 해두고 셀프 밀키트를 만들어요.
예를 들어, 대용량의 육류를 샀다면 먼저 3등분을 해요. 1/3은 1회분씩 소분해 냉동하고, 1/3은 양념 후 1회분씩 볶아먹을 만큼 소분해요. 마지막 1/3은 볶음밥이나 파스타를 만들어 소분해 밀프랩이나 밀키트의 형태로 만들어 둔답니다. 하루 안에 먹을 거라면 냉장으로, 1~2주 이내 소진한다면 냉동으로 보관해야 안전해요.

3
1인 가구는 소포장 식재료가 딱!

주변에 식재료를 나눌 수 있는 사람이 없거나 1인 가구라면 대용량에 욕심내지 말고, 1인분 소포장 식재료를 구매하세요. 소포장 제품이 대용량 제품보다 상대적으로 비싸지만, 대용량을 사서 썩혀버리는 게 더 손해니까요. 1인분 소포장 식재료를 신선하게 먹고 제로 웨이스트라면 그것이 더 이득!

"냉장고 지도를 작성하고 오늘 장보기를 내일로 미루세요!"

4
제철 식재료 알아두기!

저는 영양사라는 직업 특성상 계절 식재료에 정말 관심이 많고 주의 깊게 살펴요. 계절에 따라 식재료의 가격이 급등 급락하는 경우가 많기 때문이에요. 비가 많이 오는 여름에는 연약한 잎채소(상추 등) 가격이 비싸지기 때문에 튼튼한 채소(양배추)를 선택하고, 늦겨울부터 초봄에는 봄동이 저렴하니 샐러드 채소나 겉절이, 볶음재료로 봄동을 이용해요. 비닐하우스로 제철 음식이 없어졌다고 하지만, 제철에는 확실히 저렴해지는 식재료들이 많답니다.

5
장보기 전, 냉털 타임은 필수!

장보기 전 냉장고에 어떤 게 있나 살펴본다면 장보기 목록의 20~30%는 줄일 수 있어요. 특히 냉동고는 주기적으로 털어야 하는데요, 냉동실로 옮겨진 식재료를 제때 구출해서 맛있게 먹는 것부터가 절약의 시작이에요. 저 역시 냉장고 파먹기를 하다 꿀조합 레시피를 발견한 경우가 많아요.
냉장고에 먹을 게 많다면, 오늘 장은 내일로 미뤄도 괜찮겠죠?

6
레시피 재료, 그대로 따라하지 않기!

황금 레시피는 참고만 하세요. 레시피에 소개된 재료가 없으면 '아, 이게 없어서 못해먹겠네'라고 생각하는 분들이 많더라고요. 그래서 장을 보고, 지금 당장 필요하지 않은 물건까지 사게 되잖아요. 레시피에 있는 식재료를 모두 넣을 필요는 없어요. 대체 가능한 식재료도 많고, 주재료가 아니라면 생략해도 괜찮아요. 단백질 주재료 역시 집에 있는 단백질원으로 교체 가능합니다.

* 특별부록 <냉장고 지도>를 작성하면 계획적인 장보기가 가능해요.

제철 식재료 리스트

1월	2월	3월	4월	5월	6월
봄동	봄동	봄동	청경채	청경채	자두
시금치	달래	딸기	방풍나물	곤드레	살구
딸기	미나리	돌나물	돌나물	돌나물	매실
유채나물	유채나물	방풍나물	쑥갓	완두콩	보리
연근	연근	유채나물	유채나물	취나물	양파
삼치	딸기	취나물	미나리	양배추	비트
미역	꼬막	세발나물	취나물	양파	토마토
세발나물	세발나물	미나리	고사리	대저토마토	복숭아
매생이	삼치	연근	마늘종	꽃게	양배추
꼬막	대구	고사리	냉이	우뭇가사리	케일
가자미	방어	두릅	명이나물	재첩	호박잎
굴		냉이	소라	장어	감자
		대저토마토	조기		곤드레
		쑥	쭈꾸미		깻잎
		달래	톳		애호박
		쪽파			초당옥수수
					마늘
					한치

7월	8월	9월	10월	11월	12월
참외	수박	무화과	키위, 감	귤, 배, 사과	귤
수박	참외	석류, 배	사과, 배	홍시	브로콜리
복숭아	샤인머스켓	샤인머스켓	무화과	키위	콜라비
블루베리	포도	느타리버섯	오미자	모과	배추
가지	가지	표고버섯	샤인머스켓	유자	시금치
고구마순	방울토마토	송이버섯	브로콜리	브로콜리	방어
방울토마토	옥수수	단호박	생강, 고구마	당근	삼치
옥수수	토마토	우엉	송이버섯	콜라비	대하
토마토	참나물	밤	느타리버섯	시금치	세발나물
깻잎	깻잎	상추	양송이버섯	무	미역
오이	오이	고구마	표고버섯	배추	매생이
단호박	단호박	브로콜리	팥, 호박	갓	
강낭콩	비트	참나물	대파, 상추	꽁치	
열무	열무	오이	당근, 부추	삼치 홍합	
애호박	고추	부추	홍합, 대하	매생이	
다시마	애호박	전어	고등어, 낙지	꼬막	
전복	전복	참게	대게, 오징어	굴	
한치	갈치	광어	굴	대하	

내돈내산
마트별 추천 아이템 BEST 3
노브랜드

냉동 닭안심살
(1kg / 6,580원)

제가 노브랜드에서 가장 많이 샀고, 많은 분들에게 추천한 제품이 닭안심살이에요. 1kg에 6,000원 정도라 가성비가 좋고, 닭가슴살보다 훨씬 더 부드러운 식감이라 맛도 좋아요. 냉동 제품은 뭉쳐 있어 꺼내기 불편한 제품이 많은데, 노브랜드 닭안심은 낱개별로 다 떨어져 있어서 냉동 상태에서도 꺼내기 편해요. 큐브 모양의 닭가슴살도 같은 가격이니 취향에 따라 선택하세요.

노브랜드 담백한 살코기 참치
(90g / 1,080원)

노브랜드에는 캔이 아닌 팩에 담긴 참치를 판매해요. 일반 캔참치보다 기름도 적어서 담백한 맛이 매력적이에요. 가격도 천 원대로 착해서, 1인 가구 장바구니템으로 특히 추천합니다.

제로 탄산음료
(1L / 약 1,000원)

저는 평소에는 탄산을 잘 먹지 않는데, 이상하게 다이어트를 시작하면 탄산음료가 많이 땡기더라고요. 노브랜드의 제로 탄산음료들은 천 원 미만의 가격대에 비해 맛있는 편이고 라임맛, 오렌지망고맛, 제로 콜라까지 다양해서 골라먹는 재미도 있어요.

* 표시된 가격은 2022년 12월 기준이며, 가격 변동이 있을 수 있습니다.

코스트코

커클랜드
닭가슴살 캔
(354g/6개/14,990원)

일반적인 완제품 닭가슴살에 질렸다면 한 번쯤 드셔보세요. 캔 제품인데 일반 닭가슴살보다 맛은 담백하고, 식감은 단단하고 촉촉한 편이라 요리로 응용하기도 좋아요. 데우지 않고 바로 먹어도 맛있어요.

커클랜드
시그니처 그릭 요거트
(907g/2개/20,490원)

다이어터들에게는 무지방 그릭 요거트로 정말 유명한 제품이랍니다. 100g당 탄수화물 4g, 단백질 10g, 지방 0g으로 성분도 착해요. 이름은 '그릭'이지만 꾸덕한 질감의 요거트는 아니라 1통은 기본으로, 1통은 집에서 면포를 깔고 유청을 좀 더 빼주어 꾸덕한 그릭 요거트로 즐겨도 좋아요. 당류 3g이 들어있으니 당에 민감한 분들은 확인해주세요. 저는 요거트 100~200g 정도를 식단에 추가하고 있어요.

커클랜드
슬라이스 저지방햄
(680g/2개/23,990원)

이 제품은 생각보다 일반 돼지고기햄 맛이 많이 나서 속세맛을 즐기기에 딱인데, 햄 1장에 28g으로 탄수화물 1g, 단백질 5g, 지방 0.5g으로 영양성분까지 착해요. 샌드위치, 김밥, 볶음밥, 브런치 메뉴 등 다양하게 즐길 수 있어 좋아하는 식재료랍니다. 양이 너무 많아 걱정이라면 나머지 1팩은 냉동해 두었다가 먹어도 괜찮았어요. 저는 한 끼에 2~4장 정도를 먹어요.

쿠팡

곰곰 바게트빵
(900g/약 8,000원)

다이어트할 때 의외로 성분 좋은 빵이 바게트예요. 저는 바디 프로필과 피트니스 대회 준비할 때도, 바게트를 탄수화물로 먹었답니다. 쿠팡에서 나온 곰곰 바게트빵은 큼직한 바게트 3개가 들어 있어, 1회 분량씩 소분해 얼렸다가 하나씩 꺼내 먹어요.

곰곰 면두부 3팩
(300g/약 6,000원)

면두부도 저의 애정하는 다이어트 식재료 중 하나인데요. 쿠팡 곰곰의 면두부는 2,000원 후반대(100g 한 팩)인 마트 면두부보다는 저렴하고, 100g당 탄수화물 7.5g, 단백질 18g, 지방 6g의 영양성분이에요. 넙적면, 얇은면 2종류라 원하는 굵기를 골라 드세요.

곰곰 샐러드용 양배추와 적채 믹스
(500g/약 4,400원)

생채소는 계절과 작황에 따라 비쌀 때가 있고, 금방 시들기도 해서 채소를 어려워하는 분들이 많더라고요. 그러나 다이어트 중이라면 풍부한 채소 섭취는 특히 더 필요하기 때문에, 손질된 생채소를 이용하는 것도 방법이에요. 그 중 보관이 편하고, 생으로 또는 익혀서 먹을 수 있는 가성비 좋은 생채소가 곰곰 샐러드용 양배추와 적채 믹스예요. 1인 가구에 강력추천해요.

이마트 트레이더스

손질 생물 오징어
(가격 변동이 커서, 그때그때 달라요)

냉동 채소
(베지터블 블랜드)
(2kg/약 14,000원)

라이트 스트링치즈
(564g/24개/약 11,000원)

오징어 손질을 어려워하는 분들에게 추천합니다. 다양한 식재료로 식단을 구성해야 질리지 않고 오래 식단을 할 수 있어요. 닭가슴살, 두부, 달걀 외에도 오징어는 좋은 단백질원이에요. 이마트 트레이더스 해산물 코너에는 손질 오징어를 일반 마트나 시장보다는 훨씬 저렴한 가격에 판매해요. 1마리씩 소분해 두고 먹으면, 깔끔하고 가성비 있는 식재료가 될 수 있답니다. 오징어는 콜레스테롤도 함유하고 있어 다량 섭취는 주의하세요.

대형마트마다 각자 냉동 채소 구성과 가격이 다른데요, 저는 이마트 트레이더스의 냉동 채소를 좋아해요. 일반 양배추보다 영양성분이 우수하면서 귀엽기까지 한 미니양배추가 들어 있기 때문이에요. 트레이더스의 냉동 채소는 브로콜리, 컬리플라워, 미니양배추, 미니당근, 완두콩 5가지의 채소로 구성되어 있고, 생채소 소진이 어려운 분들도 냉동 보관으로 편하게 식이섬유를 섭취할 수 있답니다.

기름진 유제품이 먹고 싶은 날, 하나씩 곁들여 먹기 좋아요. 샐러드에 잘게 찢어 곁들여도 좋고, 고구마 위에 길게 찢어 올린 뒤 전자레인지에 30초가량 녹여 먹어도 좋았어요. 1개당 영양성분이 착한 편이라(탄수화물 1g, 단백질 6g, 지방 4g) 식단에 1~2개 정도씩 곁들여도 부담 없어요.

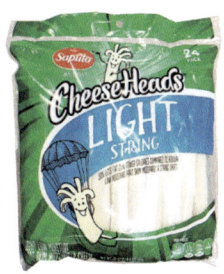

1장

모두가 즐거운
특식 & 홈파티 요리

평범한 재료만으로 비범한 특식 요리 완성!
곰손도 요리솜씨를 뽐낼 수 있는 초간단 특식 & 홈파티 요리로
식단 양심은 지키면서 다이어트를 하지 않는 친구나 가족과
행복한 시간도 놓치지 마세요.

 20분

#인도네시아볶음밥
#한국식으로재탄생

건강식으로도 단짠 감칠맛 가능!
다이어트 나시고렝

달콤한 간장, 토마토소스, 매콤한 고추소스 등과 함께 채소와 고기를 볶은 인도네시아식 볶음밥인 나시고렝은 맛이 보장된 단짠 조합에 자꾸 당기는 감칠맛이 일품이죠. 동남아의 흩날리는 쌀알과 현지의 자극적인 소스맛을 다이어트 식단으로 100% 구현하기는 어려워요.
그래도 다이어트 식단과 건강 식단을 챙기는 분들, 그리고 한 번 먹으려고 시판 나시고렝 소스를 사기 싫은 분들을 위해 한국식 재료와 집에 있는 소스들의 조합만으로 나시고렝 특유의 감칠맛을 낼 수 있는 방법을 소개합니다. 새우 대신 닭가슴살, 닭소시지, 돼지안심, 오리, 소, 오징어 등 어떤 단백질원으로 교체해도 괜찮아요.

주재료

잡곡밥 130g, 새우 80g, 달걀 1알, 양파 20g, 파프리카 1/4개, 숙주 80g, 대파 조금

양념

식용유 1큰술, 간장 1큰술, 스리라차 1큰술, 굴소스 0.5큰술, 피시소스 0.5큰술(또는 액젓 0.3큰술), 케첩 0.5큰술, 알룰로스 0.3큰술

만드는 법

1 대파, 양파, 파프리카는 잘게 깍둑 썬다.

2 팬에 식용유 0.5큰술을 두르고 달걀프라이를 만든다.

3 팬에 식용유 0.5큰술을 두르고 중불에서 새우, 양파, 파프리카를 넣어 볶다가 새우가 붉어지면 식용유를 제외한 모든 양념과 밥을 넣고 볶는다.

달콤새콤한 맛을 선호한다면 스리라차 대신 케첩으로.

4 중불에서 숙주와 대파를 넣고 한 번 더 볶은 후 달걀프라이를 곁들여 완성한다.

3번, 4번 과정에서 중불 이상으로 조리하면 더 고슬고슬하고 불맛 느낌을 낼 수 있어요.

 20분

#봄향기
#3월에만나요

달래, 냉이, 세발나물, 미나리 모두 OK!
봄나물 오일 파스타

봄이 좋은 여러 이유 중에 봄나물을 빼놓을 수 없죠. 봄철에 흔한 달래, 냉이로 감칠맛과 봄향기를 살린 오일 파스타를 꼭 만들어보세요.
레시피에는 '달래만 소개했지만 냉이, 세발나물, 미나리, 취나물, 방풍나물, 고춧잎나물 등 모든 봄나물로 만들어도 맛있어요. 손님이나 친구들과 함께하는 근사한 한 끼로도 손색없고, 혼자만의 홈스토랑을 즐기기에도 좋은 봄나물 오일 파스타, 20분컷으로 뚝딱 만들어 즐겨보세요.

주재료
통밀파스타(건면) 50g, 달래 40g, 닭가슴살 100g

양념
식용유 2큰술, 다진 마늘 0.3큰술, 피시소스 1큰술 (또는 액젓 0.5큰술), 소금 1꼬집, 후추 조금

만드는 법

1 달래는 흐르는 물에 깨끗하게 씻고 한입 크기로 쫑쫑 썬다.

2 끓는 물에 파스타를 10분간 삶은 뒤 찬물에 헹군다.

면수는 1/3컵 정도 따로 따두세요.

3 중불로 달군 팬에 기름을 두르고 마늘을 넣어 향을 낸 뒤, 달래를 넣어 살짝 익힌다.

4 약불로 줄이고 삶은 파스타면, 소금, 후추, 피시소스를 넣어 고루 섞이도록 볶은 뒤 닭가슴살을 토핑한다.

너무 퍽퍽하면 미리 덜어둔 면수를 조금씩 추가하며 조리하세요.

팁 닭가슴살 대신 소고기, 돼지고기, 오리고기, 오징어, 새우, 두부구이 등 다양한 토핑으로 바꿔 즐겨보세요.

칼로리 낮추고 코찡 매력은 살리고
라이스페이퍼 양장피

 25분

#냉털
#가성비
#코찡이매력

코찡 겨자소스가 매력적인 양장피는 중국요리 중에서 칼로리가 낮은 편인데,
냉장고 속 생식 가능한 채소와 해산물로 집에서 간편하게 만들 수 있어요.
고구마 전분피 두 장을 겹쳐 만든 양장피는 쉽게 사용하는 식재료가 아니고,
많은 양을 먹으면 소화가 부담스러워요. 활용이 어려운 양장피 대신 라이스페이퍼로
간편하게 다이어터 버전 양장피를 만들었는데, 식감도 좋고 풍성한 재료와
코찡 양장피의 매력은 충분히 살더라고요.
집에 있는 냉털 재료들로 나만을 위한 화려한 식단 어떤가요?

 가성비 좋은 게맛살 대신, 새우나 오징어로 만들면 더 그럴싸한 요리가 되고 닭가슴살이나 돼지 안심을 곁들여도
별미예요.

주재료
라이스페이퍼 20g, 달걀 1알, 게맛살 80g, 오이 30g, 양파 20g, 당근 20g, 파프리카 20g

라이스페이퍼 양념
물 3큰술, 굴소스 0.5큰술, 고추기름 0.5큰술, 참기름 0.5큰술, 다진 마늘 0.3큰술

겨자소스
연겨자 1큰술, 식초 1큰술, 물 1큰술, 알룰로스 1큰술

만드는 법

1 양파, 당근, 오이, 파프리카는 채썰고, 게맛살은 찢고, 라이스페이퍼는 한입 크기로 가위로 자른다.

라이스페이퍼 대신 천사채를 당면화해서 먹어도 맛있어요. (천사채 당면화 방법은 51쪽에 소개했어요.)

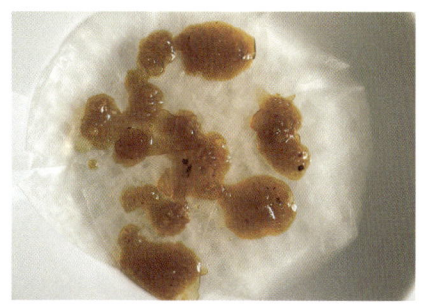

2 라이스페이퍼 양념을 섞어 한입 크기로 자른 라이스페이퍼에 뿌린 뒤 잘 버무려 5~10분 정도 말랑해지도록 둔다.

고추기름 레시피는 105쪽을 참고하세요.

3 달걀 지단을 얇게 부친 뒤 채썬다.

4 그릇에 채썬 재료를 빙 둘러 담고, 중앙에 양념한 라이스페이퍼를 담은 뒤 겨자소스를 곁들여 완성.

겨자소스는 한 번에 부으면 너무 매우니 조금씩 섞어서 드세요.

근사한 비주얼에 놀라고 푸짐한 양에 또 놀라는
다이어트 스키야키

 20분

#냉파
#손님상
#푸짐푸짐

찬바람이 불어오면 꼭 생각나는 메뉴, 스키야키! 국물간이 적당히 밴 뜨거운 고기를 날달걀에 콕 찍어
부드럽게 넘기면 입천장이 다 데이도 행복하죠. 비주얼도 근사해 손님상에 내놓기에도 좋으니까
꼭 도전해보세요.

특히 스키야키는 냉장고 파먹기가 가능한 메뉴라 채소나 주재료들을 냉장고 속 상황에 맞춰 바꿔서
질리지 않고 먹을 수 있어요. 레시피에는 양배추를 사용했지만 알배추가 제철이면 더 달고 맛있는 배추를
사용해보세요.

주재료

홍두깨 슬라이스 100g, 실곤약 80g, 양배추 60g, 두부 50g, 팽이버섯 1/2봉, 양파 30g, 당근 10g, 달걀 1알, 대파 조금

고기 양념

간장 3큰술, 물 3큰술, 맛술 2큰술, 스테비아 1큰술

양념

식용유 0.5큰술, 물 1컵

만드는 법

1 양배추와 두부는 한입 크기로 썰고, 양파는 채 썰고, 당근은 얇게 슬라이스, 대파는 어슷썰기, 팽이버섯은 밑동을 제거하고 찢어둔다.

2 달군 전골냄비에 기름을 두르고 대파와 양파를 약불에 살짝 볶아 향을 낸다.

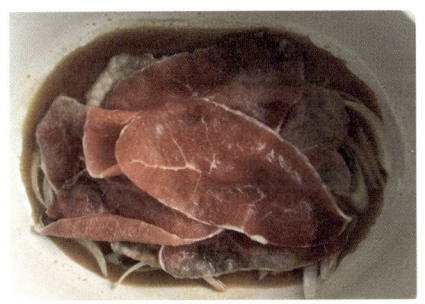

3 소고기에 잘 섞은 고기 양념을 부은 후, 겹쳐서 익지 않도록 풀어주며 약불에서 굽는다.

지방이 적은 소앞다리살, 뒷다리살, 우둔살, 홍두깨살 슬라이스를 추천해요.

4 양배추, 두부, 실곤약, 팽이버섯, 당근을 켜켜이 담고 물을 넣은 뒤 중불에서 보글보글 끓인다. 날달걀을 푼 소스를 곁들여 먹는다.

찍어 먹는 날달걀 소스를 싫어하면 생략해도 OK. 날달걀의 비린 향은 맛술 1큰술 또는 후추를 살짝 넣어 줄일 수 있어요.

홈메이드로 근사한 외식 기분 내봐요!
육회 군함말이

 20분

#외식기분
#온가족메뉴
#가성비

육횟감을 사서 군함말이로 새롭게 즐겨보세요. 외식 메뉴로는 값비싼 메뉴지만 조금만 시간을 투자하면 가성비 있게 외식 기분을 낼 수 있어요.
육회용 소고기가 마트에 없다면, 우둔살을 먹기 좋게 다져서 얹어도 색다른 식감을 맛볼 수 있답니다.

 보너스 레시피

육회 양념만 간장, 고추장 버전으로 바꿔도 새로운 초밥 완성!

간장 육회 : 간장 1.5큰술, 알룰로스 0.3큰술, 다진 마늘 0.3큰술, 참기름 0.5큰술, 후추 조금, 참깨 조금
고추장 육회 : 고추장 1큰술, 알룰로스 0.3큰술, 다진 마늘 0.3큰술, 참기름 0.5큰술, 후추 조금, 참깨 조금

주재료
육회용 소고기 100g, 잡곡밥 130g, 김밥김 1장

육회 양념
참기름 0.5큰술, 알룰로스 0.3큰술, 고운 소금 0.2큰술, 다진 마늘 0.2큰술, 참깨 조금, 후추 조금

밥 양념
식초 0.5큰술, 참깨 0.5큰술, 알룰로스 0.3큰술, 소금 1꼬집

만드는 법

1 김밥김은 6등분으로 자른다.

2 육횟감 고기에 육회 양념을 모두 넣어 무친다.
입자가 굵은 소금은 잘 녹지 않아 간 맞추기 어려워요. 그리고 감칠맛 내기에는 맛소금이 더 좋아요.

3 밥에 밥 양념을 넣어 살짝 조물락하고, 6등분하여 뭉친다.

4 뭉친 밥에 김을 띠처럼 두르고, 양념한 육회를 얹어 완성한다.
기호에 따라 육회를 얹기 전 와사비를 넣어 코찡한 매력을 느껴보세요.

육회 치즈 군함말이
육회와 치즈의 궁합도 참 좋아요. 식단을 꽉 조이는 게 아니라면, 슬라이스치즈 1장을 6등분하여 4번 과정에서 밥 위에 올린 후, 육회를 올립니다.

육회 김밥
더 예쁘고 재밌는 식단을 위해 군함말이 모양으로 소개했지만, 시간이 없다면 김밥처럼 만들어도 좋아요. 김에 밥을 넓게 깔고 상추나 깻잎을 얹고 그 위에 육회를 얹으면, 육즙이 밥에 새는 것을 조금 막아줍니다.

사실 파스타는 죄가 없어요!
오징어 알리오 올리오

 20분

#홈스토랑
#피로회복
#감칠맛

파스타는 좋은 탄수화물이에요. 파스타에 사용하는 밀은 '듀럼밀'인데,
일반 밀보다 글루텐 단백질과 질 좋은 탄수화물을 갖고 있죠. 칼로리 높은 소스를
빼고 단백질과 섬유소를 챙긴 적정량의 파스타는 다이어트 건강식이 될 수 있어요.
저 역시 다이어트 기간 중에는 마늘만 넣어도 충분히 맛있는 알리오 올리오를
즐기는데, 알리오 올리오에는 닭가슴살보다는 감칠맛이 있고 식감이 좋은
오징어가 훨씬 잘 어울려요. 예전보다 가격이 올라서 아쉽지만, 오징어의 풍부한
타우린 성분이 피로회복을 돕고 콜레스테롤 배출을 돕는답니다.
근사한 홈스토랑 메뉴로 한껏 분위기를 내보세요.

 매운맛을 좋아한다면 3번에서 페페론치노를 넣어 매운 향을 더하거나, 4번에서 청양고추를 썰어 넣으세요.

주재료

통밀파스타(건면) 50g, 오징어 1/2마리(120g), 양파 1/4개(50g), 호박 40g, 파프리카 20g

양념

올리브유 3큰술, 다진 마늘 1큰술(또는 통마늘 3~4알 슬라이스), 소금 2꼬집, 후추 조금

만드는 법

1 파스타는 끓는 물에 10분간 삶은 뒤 찬물에 헹군다.

2 호박은 반달로 슬라이스하고, 오징어, 양파, 파프리카는 채썬다.

3 달군 팬에 기름을 두르고 약불에 마늘과 양파를 볶아 향을 낸 뒤, 오징어를 넣고 강불로 키워 빠르게 볶는다.

오징어를 넣는 순간 불을 키워 빠르게 볶아야 오징어의 비린내와 물기를 잡을 수 있어요.

4 중불로 바꿔 호박, 파스타, 파프리카를 넣고 소금, 후추로 간한 뒤 호박이 익으면 마무리한다.

퍽퍽하다면 면 삶은 물을 2~3큰술 넣어주세요.

성심당 부추빵을 홈메이드로!
다이어트 부추빵

 15분

#달걀빵2탄
#탄단지섬완벽
#성심당부추빵

전 국민이 다 아는 대전의 유명 빵집 성심당 부추빵! 저 역시 대전에 가면 꼭 들러 튀김소보로와 부추빵을
사곤 하는데, 1탄에서 소개한 '다이어트 달걀빵'의 레시피를 응용하면 성심당 부추빵의 느낌을 낼 수 있답니다.
초초초간단인데 보드라운 식감과 부추의 푸릇한 향과 아삭한 식감까지 즐길 수 있고,
탄수화물과 단백질, 지방, 식이섬유소까지 한 방에 챙길 수 있는 완벽한 식단이라고 생각해요.
부추는 몸을 따뜻하게 하는 성질이 있어 혈액순환 개선에 효과적인데,
순환이 잘 돼야 대사도 잘 돌아 감량 효과도 좋으니 다이어트할 때 부추도 꼭 챙겨주세요.

주재료
식빵 1장, 달걀 2알, 부추 20g, 닭가슴살햄 40g

양념
마요네즈 1큰술, 머스터드 0.3큰술, 소금 1꼬집, 후추 조금, 식용유 0.3큰술

만드는 법

1 식빵은 2등분하고, 부추와 닭가슴살햄은 1cm 정도로 잘게 썬다.

식빵 대신 모닝빵 속을 파내고 만들어도 좋아요.

2 달걀, 부추, 닭가슴살햄, 마요네즈, 머스터드, 소금, 후추를 잘 섞는다.

3 종이컵 안쪽에 기름을 고루 발라 코팅한다.

종이컵 대신 실리콘 몰드를 사용해도 좋아요.

4 종이컵에 식빵을 눌러 넣고 ❷를 넣어 에어프라이어 180℃에서 13분 돌려 완성한다.

에어프라이어 사용에 따라 속이 덜 익을 경우, 전자레인지에 30초~1분 정도 추가로 돌려주세요.

번거롭게 육수 낼 필요 없는
들깨 샤브샤브

⏱ **20분**

#육수내기귀찮아
#순한맛

샤브샤브는 소스만 잘 조절하면 단백질과 식이섬유를 풍부하게 섭취할 수 있는 건강 메뉴죠. 육수를 내지 않고도, 고소한 들깨 베이스에 각종 채소와 고기에서 우러난 감칠맛이 어우러져 훌륭한 샤브샤브를 만들 수 있어요. 저는 다이어트를 하지 않는 친구들과 캠핑 가서 함께 즐기는데 맵지 않아 아이들과 먹기에도 딱이랍니다. 마지막에 실곤약이나 면두부를 넣기도 하고, 밥을 말아 죽처럼 끓여먹기도 해요. 들깻가루가 어려운 식재료라 잘 활용하지 못했다면, 들깨 샤브샤브로 도전해보세요. 간단한데 맛있는 신박한 라미 레시피랍니다.

주재료	양념	들깨 소스
홍두깨살 슬라이스 100g, 건표고 5g, 팽이버섯 1/2개, 새송이버섯 1개, 청경채 50g	들기름 0.5큰술, 물 3컵	탈피 들깻가루 2큰술, 국간장 1큰술, 맛술 1큰술, 다진 마늘 0.3큰술

만드는 법

1 새송이버섯은 반을 갈라 슬라이스하고, 팽이버섯은 밑동을 제거하고 찢어둔다. 청경채는 먹기 좋은 크기로 자른다.

2 달군 팬에 들기름을 넣고 약불로 줄인 뒤 건표고를 살짝 볶아 향을 낸다.

건표고가 없다면 2, 3번 과정을 생략하고, 물과 들깨소스에 들기름만 넣어 끓여도 OK.

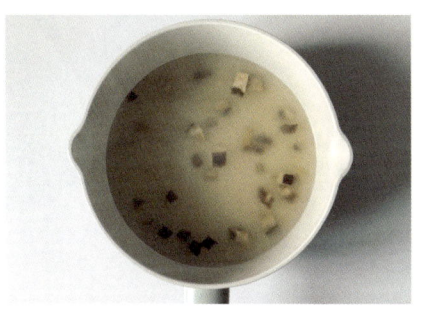

3 ❷에 물을 넣어 5분간 강불에 끓인다.

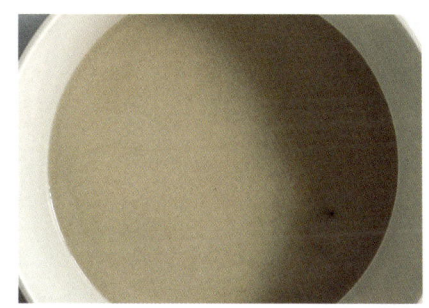

4 섞어둔 들깨소스를 ❸에 넣어 샤브샤브 육수를 만든 뒤, 채소와 고기를 익혀가며 먹는다.

홍두깨살 대신 소우둔살, 소앞다리살, 소등심 슬라이스도 괜찮고, 닭가슴살, 두부는 순한 맛이 매력적이에요.

> **팁** **찍먹 소스를 만들면 좀더 근사한 식사가 될 수 있어요!**
> 간장 1큰술, 물 1큰술, 연겨자 조금, 식초 0.5큰술, 알룰로스 0.3큰술

입맛 없는 봄과 여름에 추천해요!
토마토 마리네이드 냉파스타

토마토 마리네이드 190p

 20분

#냉파스타
#연달아먹어도OK
#포만감도높아요

입맛 없을 때 간단하게 영양 식단을 챙기기 딱 좋아요. 특별한 재료 없이도 나만의 행복한 홈스토랑을 만들어줄 초간단 냉파스타예요. 특히 저는 봄이나 여름에 유난히 생각나는 메뉴랍니다. 샐러드 잎채소와 단백질원 토핑을 냉장고 상황에 맞춰 바꿔 주면, 연속으로 해먹어도 질릴 틈이 없어요. 포만감도 높은 토마토 마리네이드 냉파스타로 근사한 다이어트 식단 어떠세요?

주재료

통밀파스타(건면) 50g, 닭가슴살 100g,
토마토 마리네이드 약 150g, 샐러드 채소 40g

양념

올리브유 0.5큰술, 간장 1큰술, 후추 조금

만드는 법

1 닭가슴살은 깍둑 썰고, 샐러드 채소는 씻어서 물기를 제거한다.

2 끓는 물에 올리브유를 넣고 파스타를 10분간 삶은 뒤 찬물에 헹군다.

3 삶은 파스타에 토마토 마리네이드, 간장, 후추를 넣고 버무린다.

담백한 파스타를 선호한다면 간장 대신 소금 2~3꼬집을 넣으세요.

4 샐러드 채소와 닭가슴살을 토핑하여 완성한다.

토마토와 궁합이 좋은 치즈를 갈아 뿌려주어도 좋아요.

팁 단백질원 궁합으로 닭가슴살 외에 새우, 오징어 같은 해산물류나 구운 두부가 잘 어울렸어요. 무거운 단백질이 싫다면 토마토 마리네이드만 넣고 만든 냉파스타에 삶은 달걀 2알 정도를 추가해서 가볍게 먹어도 좋아요.

전자레인지
라따뚜이
100p

 20분

#비건
#여름이제철

채즙과 채소의 고소한 맛이 가득
라따뚜이 샌드위치

만약 샌드위치 가게를 창업한다면 꼭 넣고 싶었던 여름 시즌 메뉴예요.
식재료 궁합도 맛 궁합도 좋은 라따뚜이 샌드위치를 채즙과 채소의
고소한 맛을 충분히 느낄 수 있는 채식 버전으로 소개해드려요.
한 번은 채식 버전으로 다음에는 닭가슴살, 닭가슴살햄이나 달걀로
단백질을 추가한 버전으로 다양하게 즐겨보세요.

주재료

바게트 50g, 토마토 1개(130g), 가지 100g, 애호박 1/3개(50g), 양파 20g, 상추 4장

양념

식용유 0.5큰술, 다진 마늘 0.3큰술, 소금 1꼬집, 후추 조금, 토마토소스 1큰술, 케첩 1큰술

만드는 법

1. 바게트는 가로로 반을 가르고, 상추는 꼭지를 제거한 뒤 씻어 물기를 제거한다. 가지, 애호박, 토마토, 양파는 슬라이스한다.

   바게트 대신 호밀 식빵, 호밀 모닝빵, 통밀또띠아도 OK!

2. 달군 팬에 식용유를 두르고 중약불에서 다진 마늘을 넣어 향을 낸 뒤 가지, 애호박, 양파, 소금, 후추를 넣어 볶는다.

3. 양파가 불투명해지면 중약불에서 토마토, 토마토소스, 케첩을 넣어 어우러지게 볶은 뒤 불을 끈다.

4. 바게트에 상추를 깔고 라따뚜이를 넣고 바게트를 올려 샌드위치를 완성한다.

   예쁘게 만들기 위해 따로 구워 켜켜이 올리는 살짝 수고로운 레시피로 만들었지만, 모든 재료를 작은 큐브 모양으로 썰어 한꺼번에 볶아서 만들어도 괜찮아요.

꾸덕 쫀득한 양식이 생각나면
고구마 뇨끼

 30분

#양식식단
#도시락추천

꾸덕한 크림소스의 분위기 있는 양식 식단이 생각나는 날, 다이어터에게는 흔한 식재료인 고구마로 부드럽고 쫀득한 뇨끼를 만들어 먹곤해요.
원래 뇨끼는 감자로 만들어요. 감자는 고구마보다 칼로리는 낮지만 혈당을 올리는 GI지수가 90으로 꽤 높아서(흰쌀밥 85, 고구마 50), 혈당 문제가 있다면 과도한 섭취는 조심하세요.
고구마 뇨끼는 자극적인 맛이 없어 남녀노소가 함께 먹기 좋고, 탄수화물, 단백질, 지방 모두 챙긴 구성이라 도시락으로도 추천해요.

 **보너스 레시피** — **단호박 뇨끼**
고구마 대신 같은 양의 찐 단호박으로 뇨끼를 만들어도 맛있어요.

주재료
찐 고구마 80g, 생오트밀가루 3큰술, 달걀노른자 1알, 저지방햄 50g, 양파 1/4개, 새송이버섯 40g

양념
소금 2꼬집, 식용유 0.5큰술, 저지방우유 100ml, 후추 조금

만드는 법

1. 저지방햄, 양파는 작게 깍둑 썰고, 새송이버섯은 세로로 반을 가르고 반달 슬라이스한다.

2. 찐 고구마, 오트밀가루, 달걀노른자, 소금 1꼬집을 넣고 반죽하여 뇨끼 모양을 만든다.

3. 끓는 물에 뇨끼를 넣어 동동 떠오를 때까지 삶아 익힌다.

4. 팬에 기름을 두르고 중불에 햄, 양파, 버섯을 노릇하게 볶은 뒤 우유, 소금 1꼬집, 후추를 넣어 크림소스를 만들고 삶은 뇨끼를 넣어 완성한다.

우유 알러지가 있다면 두유, 귀리 우유, 아몬드브리즈로 바꾸세요.

⏱ **20분**

#진한국물
#아삭식감

매콤한 저탄수&저염 국물메뉴
면두부 탄탄면

탄탄면은 고추기름과 참깨소스를 섞어 만든 양념에 면을 비벼 먹는 중국식
면요리인데, 우리나라에서는 국물이 있는 스타일의 탄탄면이 더 일반적이죠.
고소한 땅콩의 향과 매콤짭짜름하지만 저염인 국물에 온갖 채소들의 아삭한
식감이 어우러져 매력적인 면두부 탄탄면. 식물성 단백질과 동물성 단백질을
고루 챙길 수 있고, 부담스러운 식사 다음 끼니로 추천하는 저탄수화물의
근사한 식단이랍니다. 간단하게 탄탄면의 맛을 따라잡을 수 있는 라미 레시피로
매콤한 맛이 땡기는 날 집에서도 맘 편하게 탄탄면을 즐겨보세요.

주재료

면두부 100g, 다진 돼지고기 50g, 숙주 80g, 양배추 50g, 팽이버섯 1/2봉, 청양고추 1개, 대파 10g

양념

식용유 0.5큰술, 다진 마늘 1큰술, 간장 0.5큰술, 물 2컵, 굴소스 1큰술, 땅콩버터 1큰술, 고춧가루 1큰술, 두반장 0.5큰술, 후추 조금

만드는 법

1 양배추는 굵게 채썰고, 대파와 청양고추는 슬라이스, 팽이버섯은 밑동을 제거하고 2등분한다.

배추가 비쌀 때는 양배추를 사용하고, 배추나 얼갈이배추가 저렴할 때는 바꿔주세요.

2 달군 팬에 기름을 두르고 중불에서 다진 마늘과 대파를 넣어 볶아 향을 낸 뒤 간장, 돼지고기를 넣어 노릇하게 볶는다.

식용유 대신 고추기름(105쪽)을 사용하면 더욱 칼칼하고 감칠맛이 좋아요.

3 고기가 익으면 강불에서 물, 굴소스, 두반장, 땅콩버터, 고춧가루를 넣어 잘 섞이도록 끓이고 양배추를 넣어 살짝 익힌다.

넉넉한 국물 버전을 원한다면 물을 2컵 반으로 늘린 후 소금 1꼬집을 더 넣어주세요.

4 강불에서 숙주, 팽이버섯, 청양고추, 후추를 넣어 숙주가 익을 만큼만 끓인 뒤 물기를 제거한 면두부 위에 부어 먹는다.

보너스 레시피

얼큰 탄탄 국밥

면두부 대신 잡곡밥 130g을 곁들이면 얼큰한 탄탄 국밥 완성!

입맛 싹 도는 태국식 샐러드
천사채 얌운센

 20분

#채소는취향껏
#매시단짠

태국어로 '얌'은 비빈다, 섞는다라는 뜻이고, '운센'은 당면이에요. 태국 음식에서 '얌'이 들어가면
보통 샐러드인데, 얌운센은 녹두 당면에 고기, 갖은 채소와 소스를 넣어 만든 태국식 샐러드랍니다.
특히 얌운센은 매운맛, 신맛, 단맛, 짠맛이 조화로운 태국 요리의 특징이 잘 담겼어요.
당면을 천사채로 대체해서 칼로리를 낮췄고, 입맛이 싹 도는 맛있는 샐러드 메뉴라 소개합니다.
기호에 따라 재료들은 다양하게 바꿀 수 있고 홈파티에 곁들이는 음식으로도 너무 좋은,
라미표 천사채 얌운센 꼭 만들어보세요.

주재료

천사채 150g, 베이킹소다 0.5큰술, 닭가슴살 100g, 양상추 40g, 토마토 1/4개(40g), 오이 40g, 청양고추 1개

양념

피시소스 3큰술, 스리라차 2큰술, 스테비아 2큰술, 레몬즙 1큰술(또는 식초 1큰술), 다진 마늘 0.5큰술

만드는 법

1 닭가슴살, 양상추, 오이, 토마토는 한입 크기로 썰고, 청양고추는 잘게 다진다.

2 끓는 물에 천사채, 베이킹소다를 넣어 3~5분간 저어주며 데쳐 당면처럼 풀어지도록 끓인 후 찬물에 헹군다.

천사채 대신 실곤약, 면두부 사용 가능!

3 모든 양념과 다진 청양고추를 섞어 얌운센 소스를 만든다.

피시소스 대신 액젓 1큰술도 괜찮아요.

4 볼에 모든 재료와 양념을 넣어 잘 버무리면 완성.

팁 | 태국 현지 느낌을 더 내려면?

청양고추 대신 붉은 홍고추를 사용하고, 견과류를 다져 토핑으로 얹으세요.

토마토
마리네이드
190p

 10분

#바게트
#브런치

나만의 꿀맛 조합을 찾는 재미
토마토 오픈 토스트

다이어트할 때 먹기 좋은 빵, 바게트에 그릭요거트와 발사믹글레이즈를 추가해 새콤달달한 매력을 뽐내는 오픈 토스트. 근사한 브런치 비주얼이지만 완벽한 건강식단이랍니다.

바게트 대신 식빵이나 또띠아를 사용해도 좋아요. 레시피에는 오이를 사용했지만 루꼴라나 샐러드채소, 새싹채소 등 그때그때 냉장고 사정에 맞춰 다양하게 조합할 수 있어요. 어떤 조합이 나만의 꿀맛인지 찾아보세요.

주재료

바게트 70g, 토마토 마리네이드 150g,
오이 40g, 그릭요거트 60g

토핑

발사믹 글레이즈 조금

만드는 법

1 오이는 얇게 슬라이스한다.

2 바게트는 에어프라이어 170℃에서 4분간 살짝 굽는다.

3 구운 바게트에 요거트를 바른다.

4 마리네이드와 오이를 올린 뒤 발사믹을 뿌려 완성한다.

발사믹은 생략 가능!

후다닥 완성하는 행복한 브런치
참치 불고기 오픈 샌드위치

 15분

#참치불고기
샌드위치는
처음이지

#SNS
업로드각

참치 불고기
206p

참치 불고기랑 빵이 안 어울릴 것 같다고요? 경기도 오산입니다!
생각보다 너무 잘 어울려요.
만들어둔 참치 불고기에 샐러드를 곁들이면 근사한 오픈 샌드위치 완성!
포슬포슬한 단짠 참치 불고기에 빵과 고소한 노른자, 매콤한 마요라차 소스가
완벽한 하모니를 이뤄요.
제 입맛에는 마요라차 조합이 제일 맛있었지만, 마요네즈+머스터드 조합이나
발사믹 크림(발사믹 글레이즈)만 뿌려도 괜찮았어요. 마요네즈만 넣고
통후추를 살짝 뿌려도 맛있으니 나만의 최애 조합을 찾아보세요.

주재료	양념	마요라차 소스
참치 불고기 100g, 호밀 식빵 1.5장, 달걀 1알, 샐러드 채소 70g, 방울토마토 5알	식용유 0.3큰술	마요네즈 1큰술, 스리라차 0.5큰술

만드는 법

1 샐러드 채소와 꼭지를 뗀 방울토마토는 깨끗이 씻어 물기를 제거한다.

2 식빵은 에어프라이어 180℃에서 4분 굽거나 마른 팬에서 앞뒤를 노릇하게 굽는다.

바로 먹지 않거나 도시락으로 싼다면 굽는 과정은 생략해도 괜찮아요.

3 달군 팬에 기름을 두르고 달걀프라이를 한다.

4 접시에 식빵, 샐러드 채소, 방울토마토, 참치 불고기, 달걀프라이를 세팅하고 마요라차 소스를 곁들인다.

2장

뼛속까지 한식 러버!
국, 찌개, 밥, 찜

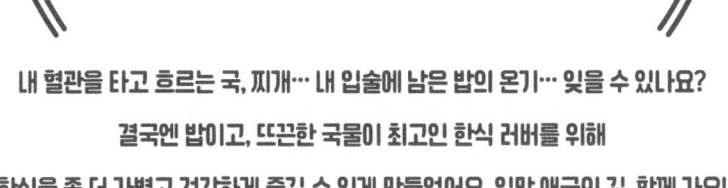

내 혈관을 타고 흐르는 국, 찌개… 내 입술에 남은 밥의 온기… 잊을 수 있나요?
결국엔 밥이고, 뜨끈한 국물이 최고인 한식 러버를 위해
한식을 좀 더 가볍고 건강하게 즐길 수 있게 만들었어요. 입맛 애국의 길, 함께 가요!

소금, 간장 버전으로 즐겨도 좋은
초간단 고추장 육회비빔밥

 10분

#외식칼차단
#풍성한채소
#도시락

다이어터 외식 추천 메뉴 중 하나인 육회비빔밥. 지방이 적은 소고기 부위를 회로 썰어 감칠맛 나는 양념과 밥, 풍성한 채소를 비벼먹기 때문에 양질의 탄수화물, 단백질, 지방질, 섬유소를 섭취할 수 있죠.
육회비빔밥은 식당에서 사먹으면 기본 1만원 이상이지만, 집에서 반 가격으로 더 푸짐하고 간단하게 먹을 수 있답니다. 남편과 저는 집밥 메뉴로도 굉장히 좋아하고, 식중독 위험이 없는 계절에는 도시락으로도 즐겨요.

 보너스 레시피

육회를 무쳐내는 양념만 바꾸면 다양한 입맛과 취향에 맞게 육회비빔밥을 즐길 수 있어요.

소금 육회비빔밥
맛소금 0.2큰술, 참기름 0.5큰술, 알룰로스 0.3큰술, 다진 마늘 0.3큰술, 후추 조금, 참깨 조금
(맛소금으로 해야 시판 육회의 감칠맛이 나요. 일반 소금으로 하면 짠맛만 생겨요.)

간장 육회비빔밥
간장 1.5큰술, 참기름 0.5큰술, 알룰로스 0.3큰술, 다진 마늘 0.3큰술, 후추 조금, 참깨 조금

주재료

육횟감 소고기 100g, 잡곡밥 100g, 상추 40g, 달걀노른자 1알, 대파 조금

양념

고추장 1큰술, 참기름 0.5큰술, 알룰로스 0.3큰술, 다진 마늘 0.3큰술, 후추 조금, 참깨 조금

만드는 법

1 상추는 한입 크기로 잘게 썰고, 대파는 다진다.
생식 가능한 잎채소, 새싹채소를 곁들여도 좋아요.

2 육회에 모든 양념을 넣고 간이 잘 배도록 버무린다.

3 달걀노른자를 분리한다.
남은 흰자는 달걀말이, 달걀프라이나 스크램블에그에 활용.

4 그릇에 밥, 상추를 담고 고추장육회를 얹은 뒤 육회 가운데에 달걀노른자를 올려 마무리.
육회 중앙을 움푹하게 누르면, 노른자가 쏙 들어가서 더 예쁜 플레이팅 가능!

팁 육횟감 소고기는 우둔살, 홍두깨살 등으로 정육점이나 마트 정육코너에 가면 육횟감으로 채썰어 있어요. 200g 정도의 양을 구매하여 2번에 나눠 먹으면 좋더라고요.

호불호 없는 고단백 식단
단짠매콤 오징어 소면

⏱ **20분**

#진리의아는맛
#술안주가능
#우울한날강추

유튜버 박막례 할머니의 오징어볶음 레시피가 핫했었죠.
막례 할머니 스타일과 양념의 비율은 비슷하지만, 더 건강한
라미 버전 오징어볶음을 소개해요.
저는 일반식할 때는 밀가루 소면을 곁들였고, 다이어트 식단 중일 때는
꼬들한 면두부로 오징어 소면을 즐겼어요. 술 좋아하는 친구들은
이 볶음을 먹으면 술 한 잔이 간절해진다고 할 만큼, 감칠맛이 풍부하고
단짠매콤해서 호불호 없는 고단백 식단이랍니다.
우울한 날에는 청양고추를 추가로 꽉꽉 넣어, 온몸이 개운해지는
기분 전환 식단으로 추천해요.

주재료

오징어 100g, 면두부 100g, 양배추 80g, 양파 1/4개(50g), 당근 20g, 대파 1/4뿌리, 청양고추 1개

양념

식용유 1큰술, 간장 1큰술, 알룰로스 1큰술, 고춧가루 1큰술, 고추장 0.3큰술, 다진 마늘 0.5큰술, 후추 조금, 참깨 조금

만드는 법

1. 양배추, 양파, 당근은 채썰고, 대파, 청양고추는 어슷하게 썰고, 오징어는 6~7cm 길이로 채썬다.

2. 달군 팬에 기름을 두르고 강불에서 오징어, 간장, 알룰로스를 넣어 80% 정도 익힌다.

3. 강불에서 양배추, 양파, 당근을 넣어 볶아 익힌다.

4. 중불에서 고춧가루, 고추장, 후추, 다진 마늘, 참깨, 대파, 청양고추를 넣어 고루 섞이도록 볶은 뒤 물기를 뺀 면두부 위에 담는다.

면두부 대신 밥이나 현미 떡볶이를 넣어도 좋아요!

보너스 레시피

오징어 간장 비빔국수

매콤한 걸 못 먹거나 적은 분량이어도 고추장을 먹기 싫다면, 간장 비빔국수 버전으로 즐겨보세요.
레시피의 간장과 고추장을 빼고 간장 2.5큰술, 참기름 0.5큰술로 만들면 됩니다.

20분

#저염슴슴
#냉털
#도전해보세요

자작한 국물이 포인트
비벼 먹는 청국장

한식 중에 호불호가 가장 갈리는 메뉴 중 하나인 청국장. 제 외할머니가 직접 뜬 청국장으로 국물 거의 없이 자작한 청국장을 끓여 비벼먹곤 했어요. 외할머니 손맛을 생각하며 만든 순둥한 매력의 청국장에 밥을 슥슥 비벼 드셔보세요. 발효음식인 청국장은 건강에도 좋을 뿐 아니라 두부와 청국장의 콩단백과 팽이버섯의 식이섬유로 영양적으로도 건강한 메뉴랍니다. 팽이버섯은 다른 버섯들로 대체해도 맛있고, 양파나 애호박도 잘 어울리니 집에 있는 재료를 마음껏 이용하세요.

주재료

두부 150g, 김치 40g, 팽이 1/2봉, 대파 반뿌리

양념

청국장 50g, 물 1.5컵, 국간장 0.5큰술, 다진 마늘 0.3큰술

만드는 법

1 밑동을 제거한 팽이버섯과 김치는 2cm 길이로 잘게 자르고, 대파는 어슷썬다.

2 두부는 으깬다.

3 냄비에 물, 김치, 국간장을 넣고 강불에서 끓여 준다.

다진 돼지고기 또는 다진 소고기 50g 정도를 추가하면 더 고급진 맛이 나요.

4 끓어오르면 중약불로 줄인 뒤 청국장을 넣어 풀어주고 으깬 두부, 팽이버섯, 대파를 넣어 한소끔 끓여 완성한다.

매콤하게 먹고 싶다면 고춧가루 0.5큰술과 청양고추 등을 추가.

얄팍하게 부쳐야 제 맛!
오트밀 시골맛 고추장떡

 15분

#전러버
#할매입맛저격

자타공인 전 러버인 제가 가장 좋아하던 전이 바로 고추장떡이에요.
부추, 깻잎, 애호박, 양파, 당근, 대파, 쪽파, 미나리, 쑥갓 등 계절에 맞게
냉장고 사정에 맞춰 다양한 맛을 낼 수 있어, 영양사로 근무할 때도 자주
만들던 메뉴랍니다.
어릴 적 할머니의 손맛이 물씬 나던 시골맛 고추장떡이
다이어트 버전으로 재탄생! 저처럼 할매 입맛인 분들이라면 정말 좋아할
한식 다이어트 식단이랍니다.

주재료
퀵오트밀 40g, 달걀 2알, 물 1/4컵,
부추 20g, 깻잎 1/2묶음, 청양고추 1개

양념
고추장 0.5큰술, 식용유 1큰술

양념장
간장 1큰술, 물 1큰술, 식초 0.5큰술,
알룰로스 0.3큰술, 고춧가루 조금

만드는 법

1 부추는 2cm 길이로 쫑쫑 썰고, 깻잎과 청양고추는 슬라이스한다.

2 퀵오트밀, 달걀, 물, 고추장을 넣어 잘 섞어 약 5분간 오트밀을 불린다.

3 불린 오트밀에 부추, 깻잎, 청양고추를 섞어 전 반죽을 만든다.

4 달군 팬에 중약불에서 식용유를 두른 뒤 노릇하게 부쳐낸다.

전은 얄팍하게 부쳐야 맛있어요. 9~12개 정도가 나오도록 소량씩 부쳐내세요.

보너스 레시피

닭가슴살 장떡, 두부 장떡

닭가슴살 40g 정도를 잘게 다지거나 두부 40g의 물기를 뺀 뒤 으깨어 3번 반죽에 추가하면 더 포만감 있게 즐길 수 있어요.

 15분

#보양식
#할매입맛
#건강한지방

몽글몽글 따끈고소
순두부 들깨탕

할매 입맛이라면 무조건 좋아할 몽글몽글하고 꼬소한 순두부 들깨탕. 밥과 함께도 좋고, 실곤약이나 면두부를 넣어도 좋아요. 김치찌개보다 맛내기 쉬운 들깨탕에 비타민D, 칼륨, 셀레늄이 풍부한 표고버섯까지 더하면 최고의 보양식이랍니다. 들깨는 리놀렌산이 풍부해 혈중 콜레스테롤 수치를 낮춰주고, 오메가3가 풍부해 혈액순환 개선에도 효과적이에요.
건강한 지방은 우리 몸에 도움을 주니 기름이라고 무조건 피하지 마세요. 탄단지를 골고루 챙겨먹는 밥상이 지속가능한 건강 밥상이랍니다.

주재료

순두부 200g, 표고버섯 2송이(50g), 양파 30g, 대파 조금

양념

물 2컵, 국간장 1큰술, 액젓 0.5큰술, 다진 마늘 0.3큰술, 탈피 들깻가루 1/2컵, 들기름 0.3큰술

만드는 법

1 양파는 채썰고, 대파는 어슷썰고, 표고버섯은 깨끗이 씻어 밑동을 제거하고 슬라이스한다.

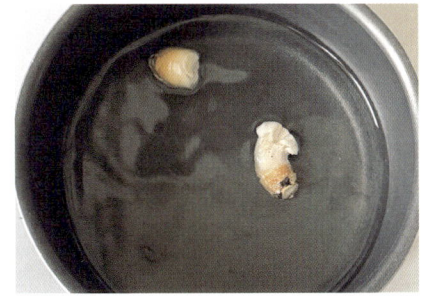

2 냄비에 물과 표고버섯 밑동을 넣고 강불에 5분간 끓여 육수를 낸 뒤 밑동을 건져낸다.

3 ❷에 버섯, 양파, 대파를 넣고 중불로 줄여 한소끔 끓인 뒤 국간장, 액젓, 다진 마늘을 넣어 간한다.

칼칼하게 즐기고 싶다면 쫑쫑 썬 청양고추 추가!

4 중불에서 들깻가루를 뭉치지 않도록 잘 풀어주고 순두부를 넣어 끓인 뒤 불을 끄고 들기름을 넣어 완성한다.

입안에서 톡톡 터지는 날치알
저염 돌솥알밥

 15분

#팔방미인 날치알
#나트륨낮춘
#담백한맛

돌솥이나 뚝배기가 있다면 꼭 만들어봤으면 하는 메뉴, 바로 알밥입니다. 식당에서 파는 알밥은 간이 센 편이라 나트륨 함량이 높아요. 그러나 집에서 내가 원하는 재료들로 특별히 간을 하지 않아도 건강하게 담백한 알밥을 즐길 수 있답니다. 특히 날치알은 칼슘, 철분, 비타민이 풍부해 다이어트나 운동을 하는 분들에게 좋은 식재료예요. 냉동 날치알을 사서 알밥도 해먹고, 남은 날치알로 톡톡 터지는 달걀말이도 만들고, 볶음밥에 추가하거나 날치알 주먹밥 등 다양하게 활용하세요.

 보너스 레시피

저염 비빔밥
돌솥이 없다면 누룽지 만드는 과정(2, 3번)을 생략하고, 그릇에 밥을 올리고 모든 재료를 올린 뒤 저염 비빔밥으로 먹어도 맛있어요.

주재료

잡곡밥 130g, 날치알 1큰술(20g), 게맛살 40g, 당근 40g, 오이 40g, 김치 40g

양념

참기름 0.5큰술

만드는 법

1 게맛살, 당근, 오이, 김치는 잘게 깍둑 썬다.

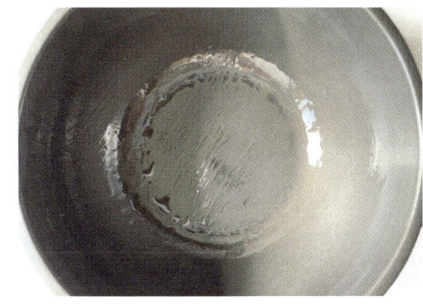

2 돌솥에 참기름을 둘러 코팅한다.

3 참기름으로 코팅한 돌솥에 밥을 잘 깔아주고 약 3분간 중약불에서 데우다가 밑면이 누룽지가 되면 불을 끈다.

4 밥 위에 모든 재료를 가지런히 얹고, 흐르는 물에 헹군 날치알을 올려 완성한다.

단무지가 들어가야 완벽한 알밥 맛이 나지만, 단무지는 당이 높아서 제외했어요. 혹시 조금 여유로운 다이어트 중이라면 단무지 15g 정도를 잘게 다져 추가하면 더 꿀맛이에요.

다이어터도 찌개에 밥 말아먹기 가능
참치 고추장찌개

 1~2인분

 25분

#속세맛
#얼큰구수

다이어트 기간에 금기시되는 찌개에 밥을 말아 먹기도 가능한 얼큰한 참치 고추장찌개를 소개합니다. 일반식 하는 친구들에게 만들어줘도 쉽게 알아채지 못할 속세맛 메뉴랍니다.
캔참치, 두부, 호박으로 만들어 가성비가 좋고, 고추장찌개만의 구수하고 매큰달큰한 매력도 한껏 살렸어요. 캔참치 대신 닭가슴살을 이용하면 담백한 고추장찌개가 되고, 버섯류를 추가하면 맛있는 버섯찌개가 됩니다. 여러분만의 꿀맛 조합을 찾아보세요!

주재료
캔참치 50g, 두부 150g, 호박 50g, 양파 20g, 대파 반뿌리

양념
물 2컵, 고추장 1큰술, 국간장 1큰술, 고춧가루 1큰술, 다진 마늘 0.5큰술, 후추 조금

만드는 법

1 두부, 호박, 양파는 작게 깍둑 썰고 대파는 어슷 썬다.

2 참치의 기름을 제거한다.

3 냄비에 물을 끓여 고추장, 국간장, 고춧가루를 넣어 잘 푼다.

매콤한 맛을 줄이하려면 청양고추 1개를 쫑쫑 썰어 넣거나, 고춧가루를 취향껏 추가.

4 물이 끓어오르면 호박, 양파, 두부, 참치, 대파, 다진 마늘, 후추를 넣어 약 5분간 중불에 끓여 완성한다.

보너스 레시피 — 닭가슴살 고추장찌개
참치 대신 한입 크기로 썬 닭가슴살 50g을 4번 단계에 넣는다.

쫄깃 식감이 매력적인
구운 두부 미역국

 4~5인분

 35분

#소분가능
#냉동가능
#노동가성비

미역국은 한 번 만들어 소분하여 냉동 후 데워먹어도 똑같은 맛이라
요리 시간까지 아껴주는 착한 메뉴예요. 저는 다양한 육해공의 재료를 넣어
여러 버전의 미역국을 자주 먹어요.
흔한 소고기, 조갯살, 들깨 미역국 말고, 구운 두부를 사용한 미역국을 소개해요.
굽지 않은 두부를 넣어도 괜찮지만, 에어프라이어에 바짝 구워낸 두부의
고소하고 쫄깃한 식감이 꽤나 매력적이랍니다.

 보너스 레시피

오트밀 미역죽

미역국에 밥만 말아 먹었다면, 오트밀 죽으로도 색다르게 즐겨보세요. 오트밀 40g에 미역국을 담아, 전자레인지에 2분 정도 돌리거나 뜨거운 국에 오트밀을 넣고 불려 먹으면 됩니다:

주재료
두부 300g, 건미역 50g

양념
참기름 1큰술, 국간장 2큰술, 소금 1큰술,
다진 마늘 0.5큰술, 물 1.5L

만드는 법

1 미역은 물에 불린 뒤 물기를 제거하고 가위로 한입 크기로 자른다.

2 두부는 약 2cm 크기로 깍둑 썰어 에어프라이어 180℃에서 15분간 돌린다.

3 달군 팬에 미역과 참기름을 넣어 중불로 10분간 물 1컵을 나누어 부으며 볶는다.

4 물, 국간장, 소금을 넣어 강불에서 끓어오르면 구운 두부와 다진 마늘을 넣어 한소끔 끓여 완성한다.

 20분

#식감만족
#속세맛
#나트륨배출

맛있어서 가슴이 콩닥거리는
콩닭찜 (콩나물 닭가슴살 찜)

콩나물이 듬뿍 들어간 찜요리, 많이들 좋아하시죠? 양념을 머금은 아삭아삭 콩나물을 씹을 때의 쾌감이란!

닭가슴살과 닭안심을 매일 구워 먹다 보면 질릴 때가 있잖아요. 그럴 때 후다닥 콩나물, 깻잎만 사와서 찜요리로 만들어 밥에 슥슥 비벼주면 나 지금 식단 중인 거 맞아? 하는 의심이 들 정도로 속세맛 식사를 할 수 있어요. 특히 콩나물과 깻잎은 칼륨이 높은 식재료라서 나트륨 배출에 도움을 준답니다. 닭갈비랑은 또 다른 매력이 있는 매콤달콤한 콩닭찜 드시고 힐링하세요.

주재료
닭가슴살 100g, 콩나물 200g, 양파 20g,
깻잎 1/2묶음, 대파 1/4뿌리

양념
고추장 1큰술, 간장 1큰술, 고춧가루 1큰술,
알룰로스 1큰술, 다진 마늘 0.3큰술, 후추 조금

만드는 법

1 닭가슴살, 양파, 깻잎은 채썰고, 대파는 어슷썬다.

2 모든 양념을 섞어 양념장을 만든다.

3 팬에 콩나물, 양파를 깔고 닭가슴살, 대파, 양념장을 넣고 **중약불**에 섞어주며 익힌다.

물 3~5숟가락 정도를 나눠 넣어가며 익히면 기름 없이도 잘 익어요.

4 닭이 익으면 깻잎을 넣고 섞어 완성한다.

깻잎 대신 미나리, 쑥갓도 OK!

보너스 레시피

콩나물 해물찜

같은 양념에 닭가슴살 대신 새우, 오징어, 조개류 등 해물을 사용하면 바로 콩나물 해물찜 완성! 소고기, 돼지고기로 단백질원을 변경해도 좋아요.

한식파 다이어터를 위한 추억 소환 메뉴
엄마맛 오징어 고추장찌개

 2~3인분

 20분

#오징어는
쉬운식재료
#피로회복
메뉴

SNS에 오징어 레시피를 올리면 가장 많이 달리는 댓글이 '오징어를 이용한 메뉴,
많이 알려주세요'예요. 오징어는 흔한 재료지만, '어떻게, 뭘 해먹지?'라는 고민
때문에 장바구니에 쉽게 담지 못하는 게 아닐까 싶어요. 오징어는 단백질도
100g당 18g으로 풍부하고, 타우린도 풍부해 피로회복에 효과적인 식재료랍니다.
저는 '오징어' 하면 가장 먼저 생각나는 메뉴가 바로 오징어찌개인데요,
요리 초보자도 간단하게 '엄마맛'을 구현할 수 있고, 다이어트 식단으로
먹을 수 있도록 건강하게 만들었으니, 한식파 다이어터라면 꼭 드셔보세요.

 보너스
레시피

오징어 짬뽕

면두부나 실곤약 면을 곁들이면 오징어 짬뽕으로
즐길 수 있어요.

맑은 오징어뭇국

매콤한 게 싫다면 양념에서 고추장, 고춧가루는 빼고
소금 0.3큰술과 후추 약간을 추가하면, 아이들도 먹을
수 있는 오징어찌개 완성!

주재료

오징어 1/2마리, 두부 1모(300g), 무 150g, 호박 40g, 대파 반뿌리

양념

들기름 1큰술, 고춧가루 1큰술, 물 2.5컵, 국간장 2큰술, 고추장 1큰술, 액젓 1큰술, 다진 마늘 1큰술

만드는 법

1. 무, 호박은 0.5cm 두께로 나박썰고, 두부는 한 입 크기로 깍둑 썰고, 대파는 어슷하게, 오징어는 7~8cm 길이로 채썬다.

2. 중불로 달군 냄비에 들기름을 두른 후, 무를 넣고 3분가량 볶는다.

3. 약불로 줄여 오징어, 고춧가루를 넣고 고춧가루가 타지 않고 살짝 섞일 만큼만 볶는다.

4. 물, 국간장, 고추장, 액젓, 다진 마늘을 넣고 중불에 3분가량 익힌 뒤 두부, 호박, 대파를 넣어 3분간 더 끓이면 완성.

쑥갓이나 미나리 추가하면 더 풍부한 맛 완성! 더 매운 맛을 원한다면, 고춧가루 1큰술을 추가하고 청양고추도 곁들이세요

* 무의 초록 부위는 달아서 무침이나 생채용으로, 흰 부분은 국물과 육수용으로 사용하면 좋아요.
* 콜레스테롤이 걱정된다면 오징어 껍질을 제거하지 마세요. 오징어 껍질은 타우린 함량이 높아 콜레스테롤 수치 감소에 도움을 줍니다.

맛 궁합도 영양 궁합도 찰떡궁합
오징어 땅콩 덮밥

 15분

#땅콩버터가 포인트
#덮밥소면 모두가능

오징어와 땅콩의 맛 궁합은 오땅 과자로도 이미 검증된 찰떡궁합인데, 영양적으로도 궁합이 좋답니다. 땅콩에 다량 함유된 불포화지방산이 오징어의 콜레스테롤 수치를 낮추는 데 도움을 주니까요. 매콤한 오징어덮밥에 땅콩버터를 추가하면, 맛은 더 부드러워지고 고소한 땅콩향이 추가되면서 감칠맛이 더 좋아져요.
밥 위에 얹어 먹는 것도 좋지만 면과 함께 '오징어 땅콩 소면'으로 즐겨도 근사한 요리가 되는 특색 있는 식단이랍니다.

 보너스 레시피

오징어 덮밥

땅콩 알러지가 있거나, 기본맛 오징어 덮밥을 즐기고 싶다면, 땅콩버터 0.5큰술과 간장 2큰술 대신 간장 1큰술, 고추장 0.5큰술로 변경해서 만드세요. 일반식으로 먹던 오징어 덮밥, 딱 그 맛입니다!

주재료

잡곡밥 100g, 오징어 1/2마리(100g), 양배추 70g, 양파 40g, 청양고추 1개

양념

식용유 0.5큰술, 간장 2큰술, 땅콩버터 0.5큰술, 고춧가루 0.5큰술, 다진 마늘 0.3큰술, 후추 조금, 참깨 조금

만드는 법

1 오징어, 양배추, 청양고추, 양파는 채썬다.

2 달군 팬에 기름을 두르고 강불에서 오징어를 노릇하게 익힌다.

3 약불로 줄인 뒤 식용유를 제외한 모든 양념을 넣어 잘 섞으며 볶는다.

채소의 푹 익은 식감을 선호한다면, 3번과 4번의 순서를 바꿔 채소를 먼저 익히고 양념을 넣어주세요.

4 약불에서 양배추, 청양고추, 양파를 넣고 섞으며 양파가 반투명할 때까지 익혀 완성한다.

덜 맵게 먹고 싶다면 청양 대신 피망을 넣거나 청양고추는 생략해주세요.

오징어 땅콩 소면

밥 대신 실곤약(100~150g)을 넣으면 오징어 땅콩 소면! 면두부, 파스타면 등과도 잘 어울려요.

가지 극혐러도 사랑할 맛
단짠 가지구이 덮밥

데리야끼 소스
194p

⏱ **20분**

#편식극복
#한그릇요리

2탄에 소개했던 상큼 가지덮밥이 가지를 극혐하던 분들에게도 많은 사랑을 받았고, 편식을 개선했다는 얘기를 많이 들었어요.
사실 저 역시 가지를 싫어했지만, 다이어트를 하며 편식을 많이 개선했어요. 이번에도 가지를 호불호 없이, 더 맛있게 먹을 수 있는 간편 특식 가지 레시피를 소개해요. 많은 이들이 불편해하는 가지의 식감을 장점으로 살려주고
단짠 소스와 돼지고기의 푸짐함까지 곁들인 영양가 있는 한 끼 식단!
다른 반찬이 없어도 되는 완벽한 한 그릇 요리라 도시락 메뉴로도 추천해요.

주재료

가지 1.5개(약 150g), 다진 돼지고기 80g, 잡곡밥 130g, 쪽파 조금

양념

물 2큰술, 들기름 1큰술, 소금 1꼬집, 후추 조금, 저염저당 데리야끼 소스 3큰술, 참깨 조금

만드는 법

1 쪽파는 쫑쫑 썰고, 가지는 반을 자른다.

2 전자레인지 용기에 가지와 물 2큰술을 담고 랩을 씌워 2분 돌린 후 칼집을 내어 펴준다.

3 달군 팬에 들기름을 두르고 중불에서 돼지고기, 소금, 후추를 볶아 한쪽으로 두고, 가지를 앞뒤로 노릇하게 굽는다.

돼지고기 대신 닭고기나 소고기를 다져 넣어도 맛있어요.

4 약불로 줄여 ❸에 데리야끼 소스를 넣어 살짝 조린 뒤, 밥에 얹어 쪽파와 참깨를 뿌려 마무리한다.

양파 슬라이스나 팽이버섯과 꽈리고추를 같이 조려 곁들여도 좋아요.

보너스 레시피 · 매콤 가지구이 덮밥

데리야끼 소스 3큰술에 고춧가루 0.5큰술과 물 2큰술 추가하여 미리 섞어둔다. 토핑으로 청양고추!

25분

#노동가성비
#가격가성비
#SNS업로드각

적은 노동으로 눈호강 식단 완성!
볶음김치 삼각 두부샌드

다이어터라면 눈 호강하는 예쁜 다이어트 식단이 주는 만족감을 잘 알 거예요.
두부는 착한 가격에 풍부한 포만감을 주니, 다이어트 식단을 할 때나
일반식을 할 때나 자주 사는 국민 식재료죠. 흔한 두부김치를 좀 더 고급지게,
예쁘게 잘 차린 식단으로 만드는 방법을 소개할게요. 레시피에 소개한
돼지안심 대신 닭가슴살, 소고기, 오리훈제 어떤 육류를 사용해도 맛있답니다.
저탄수 식단을 해야 하는 날, 생각보다 적은 노동으로 SNS에 올리고픈
그럴싸한 한 끼 식단을 만들 수 있어요.

주재료

두부 1/2모(150~200g), 김치 60g, 돼지안심 100g, 새싹채소 10g

양념

들기름 0.5큰술, 알룰로스 0.5큰술, 소금 1꼬집, 후추 조금

만드는 법

1 두부는 물기를 제거하고 세모난 모양으로 4등분하고, 중앙에 칼집을 낸다.

2 에어프라이어 180℃에서 15분간 구워 겉을 노릇하게 익힌다.

에어프라이어 대신 팬에 식용유 0.5큰술을 두르고 두부의 전면을 노릇하게 구워내도 좋아요.

3 김치, 돼지안심, 들기름, 알룰로스, 소금, 후추를 잘 섞어 중불에서 볶아낸다.

4 구운 두부 가운데에 볶음김치와 새싹채소를 넣는다.

새싹채소 대신 청양고추를 다져 넣어 매콤하게 즐겨도 별미예요.

보너스 레시피

저염저당 돼지김치볶음

재료 | 돼지안심 100g, 김치 150g, 들기름 1큰술, 알룰로스 1큰술, 물 1/2컵, 소금 2꼬집, 후추 조금

밥반찬으로 돼지김치볶음을 만들고 싶다면 3번 과정에서 김치 양을 늘려서 만들면 됩니다. 물기를 살짝 추가해서 볶아야 촉촉하게 반찬으로 완성됩니다.

3장

슥, 싹, 뚝딱! 초초초간단 찐
10분컷 요리

요리 곰손도 가능한 리얼 10분컷 레시피들만 모았습니다.
10분이라고 우습게 보지 마세요.
비주얼과 맛은 물론 3대 영양소까지 꾹꾹 채웠답니다.

10분도 길어요! 5분컷 가능
오트밀 3치죽

 5분

#불사용없음
#칼사용없음
#SNS인기메뉴

한국인이라면 무조건 좋아할 꿀조합, 김치, 참치, 치즈 3가지로 만든 오트밀죽 레시피예요.
친숙한 재료로 간단하게 만들 수 있어 많은 분들이 좋아한 레시피랍니다.
유난히 닭고야는 먹고 싶지 않은 날, 닭고야 아닌 냉장고 속 재료로 뚝딱뚝딱 만들었는데 생각보다
넘 맛있더라고요. SNS에 올렸는데 반응이 더 좋았고요. 칼과 도마를 사용하지 않고 가위로 쓱쓱 잘라 넣어
설거짓거리도 없는 효자 메뉴예요.
유지어터나 건강관리 목적으로 식단을 한다면 치즈 양을 살짝 늘려도 괜찮고,
캔 옥수수 1~2큰술을 넣어 오도독 씹는 맛을 추가해도 좋아요.

주재료

퀵오트밀 40g, 김치 50g, 캔참치 60g, 피자치즈 2큰술(30g) 또는 슬라이스치즈 1장, 물 1.5컵

만드는 법

1 참치는 기름을 빼서 준비한다.

2 전자레인지용 그릇에 오트밀, 참치, 물을 담는다.

3 가위로 김치를 잘라 넣고 잘 섞어 3분간 전자레인지에 돌린다.

참치의 비린 맛을 잡고 싶다면 후추를 추가하거나 청양고추를 쫑쫑 썰어 넣어요.

4 위에 치즈를 고루 뿌리고 30초 더 돌려 완성.

입맛에 따라 간이 부족하다면 소금 1꼬집 정도만 넣어주세요.

속세맛과 포만감, 두 마리 토끼를 잡았다
풀드포크 버거

10분

#이렇게먹어도
살이빠져요
#감량기메뉴

**대용량
풀드포크**
180p

**양배추
라페**
184p

라미표 풀드포크와 라미표 양배추 라페를 곁들인 풀드포크 버거는 다이어트를 하지 않는 친구나 지인들과도 즐겨 먹었는데, 다들 너무 맛있다면서 이거 먹고 정말 살이 빠지냐고 의문을 던졌던 메뉴랍니다.
그런데 제가 감량이나 바디프로필 준비하면서도 먹은 메뉴 맞아요.
영양적으로도 탄수화물, 단백질, 지방 완벽한 구성에 속세맛과 포만감을 모두 만족시키는 식단이에요.

**보너스
레시피**　**풀드포크 샌드위치, 풀드포크 또띠아 랩**
모닝빵 대신 식빵으로 샌드위치를 만들거나 또띠아로 랩을 만들어 다양한 식감으로 즐겨보세요.

주재료

풀드포크 100g, 호밀 모닝빵 2개, 양배추 라페 40g, 상추 2장, 토마토 40g, 양파 20g

양념

머스터드 1큰술, 마요네즈 1큰술

만드는 법

1 토마토와 양파는 슬라이스하고 상추는 씻어 꼭지를 자르고 물기를 잘 제거한다.

2 빵은 가로로 반을 가른다.

3 빵 양면에 머스터드와 마요네즈를 펴바른다.
간단하게 스리라차 1큰술만 뿌려도 OK!

4 빵 - 상추 - 풀드포크 - 양배추 라페 - 토마토 - 양파 - 빵 순으로 얹어 완성한다.

팁 양배추 라페가 없다면?

양배추를 채썰어 식초 1큰술, 스테비아 0.3큰술, 소금 2꼬집에 버무려 10분간 절인 뒤 물기를 제거하고 사용하세요. 그런데 양배추가 없어도 맛있어요.

달다구리 크림빵 욕구 해소
흑임자 그릭 샌드

 5분

#5분컷
#불사용없음

그릭요거트에 흑임자, 알룰로스를 넣고 고루 섞이도록 비빈 후, 모닝빵을 반으로 갈라 흑임자 그릭요거트를 넣으면 완성.

자타공인 흑임자 러버인 저는 그릭요거트에도 토핑으로 흑임자가루를 뿌려 먹었어요. 크림빵이 너무 먹고 싶은 날, 생크림 대신 빵에 흑임자 그릭을 푸짐하게 넣으면 어떨까 싶더라고요. 고소한 맛과 꾸덕함이 매력인 흑임자 그릭 샌드를 처음 만들고, 너무 맛있어 며칠 동안 아침마다 신나게 만들어 먹었어요. 좋아하는 견과류를 추가하거나, 냉동실에 5분간 차갑게 둔 후 먹으면 더 맛나답니다. 요거트가 생각보다 빨리 상하니 도시락으로 준비한다면 아이스팩을 넣은 보냉가방에 넣어 이동하고, 이동 후에는 반드시 냉장고에 보관하세요.

주재료 ▸ 호밀 모닝빵 2개, 그릭요거트 100g, 흑임자가루 1큰술

양념 ▸ 알룰로스 1큰술

추운 겨울, 몸과 마음까지 녹여주는 소울푸드
오트밀 단팥죽

 5분

#아침식사추천
#도시락
#밀프랩

저당 단팥
188p

오트밀, 물, 저당 단팥을 넣고 잘 섞어준 뒤, 전자레인지에 2분 돌려 소금간을 한다. 원하는 농도에 따라 물의 양을 가감하세요.

대용량으로 만들어 둔 저당 단팥을 이용해 5분도 안 되는 시간에 완성할 수 있는, 마음까지 따뜻해지는 단팥죽이에요. 한 끼 식단으로도 충분하고, 달달한 게 땡기는 추운 겨울날 큰 만족감을 안겨주는 식단이에요. 오트밀죽이라 포만감이 높아 아침식사 대용으로 좋고, 도시락이나 밀프랩으로도 추천합니다.

주재료 ▸ 저당 단팥 70g, 퀵오트밀 30g, 물 1컵(약 180ml)

양념 ▸ 소금 1꼬집

5분 만에 푸팟퐁커리 완성
보들보들 달걀카레

⏱ **5분**

#불사용없음
#5분컷
#전자레인지

전자레인지로 5분 만에 고급진 푸팟퐁커리 맛이 나는 보들보들한 달걀카레가 완성됩니다. 필요한 재료도 적고 만들기도 간단해서 바쁜 직장인 다이어터나 워킹맘, 자취생, 요알못들에게 강추합니다. 밥, 면, 빵과 뭐든 잘 어울리고, 다양한 토핑이 가능해서 매일 색다른 맛으로 즐길 수 있어요. 개인적으로는 칵테일 새우나 게맛살 토핑이 가장 맛있었고, 닭가슴살이나 소시지로 토핑해도 단백질 빵빵한 한 끼로 손색없는 메뉴였답니다. 케첩이나 토마토를 추가해도 궁합이 좋아요.

주재료

달걀 2알, 두유 1팩(190ml), 대파 조금

양념

카레가루 깎아서 2큰술
(너무 많이 넣으면 짤 수 있어요.)

만드는 법

1 전자레인지 용기에 두유를 넣고 1분간 전자레인지에 데운다.

그냥 물로 하면 고소한 맛이나 이국적인 맛이 덜해요. 두유 대신 저지방 우유나 귀리우유, 아몬드브리즈도 OK!

2 데운 두유에 달걀과 카레를 잘 섞는다.

카레를 잘 풀지 않으면 바닥에 눌러붙을 수 있어요.

3 대파를 가위로 쫑쫑 썰어 넣고 다시 전자레인지에 3분간 익히면 완성.

보너스 레시피

푸팟퐁커리

2번 과정에 게맛살, 새우를 취향껏 넣으면 고급진 푸팟퐁커리 완성!

보들보들 식감이 좋아요
세발나물 오트밀전

 10분

#나트륨배출을돕는 칼륨
#갓성비식재료
#겨울부터봄

세발나물(갯나물)은 염분이 있는 땅에서 자라는 염생식물이라, 나물 자체에 살짝 짭짤한 맛이 있어요.
비타민, 엽록소, 미네랄, 식이섬유, 칼륨이 풍부해서 다이어터에게 추천하는 식재료입니다.
특히 칼륨 함량이 높아 나트륨 배출을 도와주니 평소 잘 붓는다면 챙겨드세요.
세발나물은 보통 무침으로 많이 먹는데, 저는 영양사로 근무할 때 세발나물을 전으로 부쳐서 자주 메뉴에 넣었어요. 나물보다 전으로 만들면 더 많은 양을 섭취할 수 있고, 고객분들도 더 잘 드시더라구요.
제가 세발나물을 특히 사랑하는 이유 중 하나는 가성비랍니다. 세발나물은 겨울 끝부터 봄이 제철인데, 제철에 많은 양을 정말 저렴하게 살 수 있답니다.
단, 신장질환이 있으면 염분에 민감하기 때문에 한 끼에 100g 이하로 조절하세요.

주재료

세발나물 70g, 생오트밀가루(생귀리가루) 40g, 달걀 1알, 청양고추 1개, 물 1/4컵

양념

소금 1꼬집, 식용유 1큰술

양념장(선택)

간장 1큰술, 물 1큰술, 식초 0.5큰술, 알룰로스 0.3큰술, 고춧가루

만드는 법

1. 세발나물은 흐르는 물에 깨끗이 씻고, 청양고추는 쫑쫑 썬다.

2. 볼에 전 부칠 기름을 제외한 모든 재료를 넣고 반죽한다.

   퀵오트밀을 사용한다면 퀵오트밀과 달걀, 물을 먼저 섞어 5분 이상 두었다가 다른 재료들을 넣고 반죽을 만드세요.

3. 달군 팬에 기름을 두르고 중약불에서 전을 부친다.

보너스 레시피

바삭쫀득 세발나물 타피오카전

생오트밀가루 대신 같은 양(40g)의 타피오카 전분으로 만들면, 더 쫀득한 식감으로 즐길 수 있어 별미랍니다.

칼로리 폭탄 콘치즈는 이제 안녕!
오트밀 콘치즈전

🕙 10분

\#마요네즈굿바이
\#전은사랑

식당에 가면 곁들임 찬으로 나오는 달짝지근한 콘치즈. 그러나 마요네즈 그득한 콘치즈는 다이어터에게는 그림의 떡이죠.

그래서 칼로리 폭탄 콘치즈를 가벼운 식사로 즐길 수 있도록, '오트밀전'에 응용해봤어요. 오트밀 콘치즈전은 소스만 바꾸면 맵게도 달콤하게도 먹을 수 있어 질리지 않는 식단이랍니다. 옥수수 한 캔으로 소스에 따라 몇 번이나 다양한 맛을 즐길 수 있는 가성비 메뉴이니 꼭 만들어보세요.

주재료

퀵오트밀 40g, 캔옥수수 3큰술(50g), 피자치즈 2큰술(25g), 달걀 2알, 물 1/4컵

양념

소금 1꼬집, 식용유 1큰술

만드는 법

1 볼에 퀵오트밀, 달걀, 옥수수, 물, 소금을 넣어 잘 섞어 5분간 오트밀을 불린다.

2 피자치즈를 넣어 잘 섞는다.

3 달군 팬에 기름을 두르고 중약불에서 한입 크기(약 9~12장)로 노릇하게 부친다.

추천 소스

* 청양마요 : 마요네즈 1큰술, 간장 0.5큰술, 다진 청양고추 1개
* 케첩 1큰술, 스리라차 1큰술

 10분

#불사용없음
#갓성비
#냉털

이것은 리소토인가? 떠먹는 피자인가?
오트밀 피자죽

리소토 같기도 떠먹는 피자 같기도 한 오트밀 피자죽이에요.
그동안 고구마피자, 피자 볶음밥, 오트밀 피자빵 등 다양한 저칼로리 피자 레시피를 소개했는데, 오트밀 피자죽은 가장 빠르고 간편하게 만들 수 있는 피자 메뉴랍니다. 냉장고 속 재료를 털어넣고, 휘리릭 전자레인지에 돌려주기만 하면 완성. 냉털 메뉴에 시간까지 아껴주는데 탄수화물과 단백질, 지방, 식이섬유까지 고루 섭취할 수 있는 갓성비 메뉴라고 자부합니다.

주재료

퀵오트밀 40g, 닭가슴살 50g, 파프리카 40g, 올리브 슬라이스 1큰술, 피자치즈 2큰술, 물 1.5컵

양념

토마토소스 2큰술, 소금 1꼬집, 후추 조금, 파슬리가루 조금

만드는 법

1 파프리카는 잘게 깍둑 썰고, 닭가슴살은 한입 크기로 자른다.

2 전자레인지용 그릇에 피자치즈를 제외한 모든 재료와 양념을 넣어 잘 섞는다.

> 닭가슴살 대신 닭가슴살 소시지나 햄을 넣으면 더 피자 맛 느낌이 난답니다.

3 전자레인지에 2분 30초 돌린 후 피자치즈를 얹고 다시 30초 돌려 완성한다.

보너스 레시피

할라피뇨 오트밀 피자죽

할라피뇨 20g을 살짝 다져 양념에 추가하면 매콤한 맛의 피자죽이 완성돼요.

후딱 만들어 든든하게 한 끼!
전자레인지 라따뚜이

⏱ 10분

#불사용없음
#프랑스가정식스튜
#여름이제철

노동가성비 절실한 날에 빠르게 만들어 야무지게 차려먹는 착한 레시피예요. 가스불 켜기 싫은 무더운 여름이나 손 하나 까딱하기 힘들 정도로 컨디션이 안 좋은 날, 전자레인지 10분컷 라미표 라따뚜이를 추천해요.

라따뚜이는 프랑스 가정식 스튜인데, 여름이 제철인 재료들로 만들 수 있어서 여름에 자주 해먹는 메뉴랍니다. 물론 계절에 상관없이, 예쁘게 차곡차곡 플레이팅한 라따뚜이는 손님상 메뉴로도 좋아요.

주재료

가지 1개, 닭가슴살 소시지 100g, 애호박 30g, 양파 20g, 방울토마토 5개, 달걀 1알, 피자치즈 2큰술

양념

토마토소스(또는 케첩) 2큰술, 후추 조금, 파슬리가루 조금

만드는 법

1 가지, 애호박, 닭가슴살 소시지, 방울토마토는 깍둑 썰고, 양파는 다진다.

가지를 싫어한다면 새송이버섯으로 바꾸세요.

2 전자레인지 용기에 달걀을 뺀 나머지 재료와 양념을 모두 넣어 고루 섞는다.

매콤하게 먹고 싶다면 토마토소스는 1큰술로 줄이고, 스리라차 1큰술 추가.

3 달걀을 깨 넣어 노른자를 터트리고 잘 퍼트린 뒤 전자레인지에 8분간 돌려 익힌다.

저당 단팥
188p

5분

#입터짐방지
#그릭요거트도
가능

당 땡길 때 먹으면 좋아요!
앙버터 샌드위치

저당 단팥을 만들었는데 앙버터 안 먹는 법, 알지 못해요. 다이어트 중 버터를
먹는 게 너무 두렵나요?
가끔씩 먹는 적당한 양의 버터 섭취는 오히려 건강과 다이어트에
도움이 된다는 연구들이 속속 나오고 있으니, 안심하시고
한 끼 정도는 앙버터의 매력에 빠져보세요.
저는 생리 즈음이나 지방 또는 당이 특히 땡길 때 먹어주면 다른 군것질을
안 하거나 덜해서 오히려 좋았습니다.

주재료

호밀 모닝빵 2개, 저당 단팥 80g, 버터 20g

만드는 법

1 모닝빵은 가로로 반을 자른다.

2 얇게 슬라이스한 버터를 빵 위에 얹는다.

유크림, 유산균, 소금 등을 넣은 버터보다는 목초 사육을 한 우유로 만든 천연 버터가 다이어트에 적합한 식재료입니다.

3 저당 단팥을 잘 뭉쳐 올린 뒤 빵뚜껑을 덮어 완성한다.

보너스 레시피

앙그릭 샌드위치

버터가 부담스럽다면 꾸덕한 그릭요거트 약 50~80g으로 만들어보세요. 상큼하고 꾸덕한 색다른 매력이 재미납니다.

저당 단팥빵

버터 빼고 단팥만 샌드해도 속세맛 단팥빵 그 자체라 행복합니다.

양배추 라페
184p

  10분

#불사용없음
#아삭식감

나이 불문&성별 불문 취향저격
빵빵지 샌드위치

제가 애정하는 냉채 샐러드인 양배추 라페는 샌드위치류에 정말 잘 어울려요.
양배추 라페에 2탄에도 소개했던 빵빵지 맛을 간단하게 만들어 추가하면,
특색 있는 꿀조합 샌드위치가 탄생한답니다.
빵빵지 샌드위치는 특히 저희 부모님이 좋아하는데, 나이 불문, 성별 불문하고
일반식 입맛에도 취향저격하는 메뉴랍니다. 식빵 대신 바게트나 모닝빵,
또띠아를 사용해도 괜찮아요.
아삭한 채소들의 식감과 고소한 땅콩향, 은은한 매콤함이 매력인
빵빵지 샌드위치로 온 가족이 행복한 식사하세요.

주재료

양배추 라페 100g, 닭가슴살 100g, 토마토 1개, 식빵 2장, 양파 20g, 오이 20g

양념

땅콩버터 1큰술, 고추기름 0.5큰술, 알룰로스 0.5큰술, 두반장 0.3큰술

만드는 법

1 닭가슴살은 결대로 찢고, 양파와 오이는 채썰고, 토마토는 슬라이스한다.

2 양배추 라페, 닭가슴살, 양파, 오이에 모든 양념을 넣어 잘 버무린다.

3 랩을 깔고 식빵 - 토마토 - 속재료 - 식빵 순으로 만들어 잘 감싸 완성한다.

바로 먹는 게 아니라면, 빵 위에 물기를 제거한 상추 또는 치즈를 덮어 재료의 물기로 빵이 젖지 않도록 하세요.

보너스 레시피 **초간단 고추기름**

전자레인지 용기에 식용유 1큰술, 고춧가루 0.3큰술을 잘 섞어서 전자레인지에 30초 돌린 뒤, 고춧가루를 거르고 사용하세요.

고급진 피자가 생각날 때
화이트 라구 피자

화이트 라구
192p

⏱ 10분

#다이어트브런치
#추가토핑없어도
#탄단지완벽구성

미리 만들어둔 라구 소스를 이용해 10분컷으로 완성되는 고급진 피자랍니다. 라미표 대용량 화이트 라구에는 고기와 채소가 듬뿍 들어갔기 때문에 추가 토핑 없이도 완벽하고 색다른 피자를 만들 수 있어요.
또띠아 도우에 라구를 펴바르고, 치즈의 느끼할 수 있는 부분을 스리라차의 매콤함으로 잡아주고, 피자 중앙의 반숙란이 킬링 포인트가 되는 다이어트 브런치로 제격인 메뉴예요.
스리라차 소스 외에 케첩, 머스터드, 바비큐소스 등으로 다양하게 변경해서 즐겨보세요.

주재료

화이트 라구 100g, 또띠아 1장, 피자치즈 2큰술, 달걀 1알

양념

스리라차 1큰술

만드는 법

1 또띠아 중앙에 달걀 자리를 둥글게 비우고, 화이트 라구 소스를 넓게 펴바른다.

2 비워둔 중앙 자리에 달걀을 깨 넣고, 포크로 달걀 노른자를 콕 찔러 편다.

3 스리라차 소스를 뿌리고 치즈를 고루 얹어 에어프라이어 180℃에서 6분간 구워 완성한다.

올리브 슬라이스, 파프리카, 시금치, 버섯, 청양고추를 추가 토핑해도 잘 어울렸어요. 단, 잘게 썰어 올려주세요.

 또띠아 대신 식빵이나 바게트로 대체해도 좋고, 밥이나 면, 고구마나 감자를 으깨 도우 대신으로 깔아도 맛있답니다. 오트밀 크레페(122쪽)를 도우로 활용해도 좋아요.

로제는 언제나 옳아요!
로제 라구 샌드위치

화이트 라구
192p

⏱ 10분

#냉털
#단백질풍부

화이트 라구에 케첩을 추가하면, 아주 빠르고 간단하지만 확실하게 맛있는 로제 샌드위치를 만들 수 있답니다. 속재료는 냉장고 사정에 맞게 냉털해도 좋고, 불호 없는 맛이라 남녀노소 모두가 맛있게 즐길 수 있답니다.
고기와 채소가 가득한 라구의 씹는 맛과 포만감이 좋고, 달걀도 추가로 넣어 단백질도 풍부해서 4대 영양소가 고른 완벽한 식단이에요.

주재료

식빵 2장, 화이트 라구 100g, 달걀 2알, 토마토 40g, 양파 20g, 상추 4장

양념

케첩 2큰술, 알룰로스 0.5큰술, 후추 조금

만드는 법

1. 전자레인지 용기에 화이트 라구와 달걀, 모든 양념을 넣어 섞은 뒤 3분~3분 30초간 돌린다.

   식빵 크기와 비슷한 사각 용기면 샌드위치 만들 때 편해요.

2. 토마토와 양파는 슬라이스하고 상추는 씻어 꼭지를 자르고 물기를 잘 제거한다.

3. 빵 - 상추 - 로제 라구 - 양파 - 토마토 - 상추 - 빵 순으로 만들어 완성한다.

   식빵 대신 바게트, 또띠아도 OK!

보너스 레시피

매콤 로제 라구 샌드위치

한식 로제의 느낌을 내고 싶다면 케첩 대신 고추장 0.3큰술 정도를 넣어 즐겨보세요.

푸짐한 양에 놀라지 마세요
참치 불고기 실곤약 볶음면

참치 불고기
206p

⏱ 10분

#119메뉴
#속편한메뉴

전날 탄수화물이 과했다거나 다음 끼니에 맞난 탄수화물 섭취가 예정되었다면, 실곤약면이나 두부면으로 저탄수 참치 불고기 볶음면을 드세요.
매 끼니 클린한 식사를 하기는 어렵죠. 한 끼 식사를 망쳤다고 우울해하지 말고, 그다음 식사를 좀 더 바짝 관리해보세요. 양이 푸짐해 포만감은 빵빵한데 속은 편해서, 저는 운동 전 고단백 식단으로 애정해요.

주재료

참치 불고기 100g, 실곤약 100g, 청양고추 1개

만드는 법

1 청양고추는 쫑쫑 썬다.

2 실곤약은 물기를 빼고 먹기 좋은 길이로 자른다.

실곤약 대신 두부면이나 통밀 파스타도 OK!

3 달군 팬에 참치 불고기, 실곤약을 넣고 중불에서 잘 섞어주며 물기가 없도록 볶아낸다.

좀 더 자극적인 맛을 원한다면 스리라차 0.5큰술 추가

4 청양고추를 넣고 한 번 더 섞은 뒤 불을 끄면 완성.

대용량
드라이 카레
186p

⏱ 10분

#의외의꿀조합
#마늘카레
#바삭바게트

꾸덕! 쫀득! 바삭! 짭짤!
드라이 카레 마늘빵

카레와 마늘빵? '이게 무슨 조합이지?'라는 생각이 드나요? 꾸덕쫀득한 마늘카레 양념과 바삭한 바게트의 식감이 조화롭고, 고소하고 짭짤한 맛이 은근 꿀조합이랍니다. 바케트도 한번에 다 못 먹고, 냉동실에 소분해 두는 일이 많은 식재료죠. 저 역시 냉동실 바게트에 드라이 카레와 마늘빵 조합으로 만들어봤다가, 몇 번을 연달아 해먹은 중독성 있는 메뉴랍니다. 새로운 음식에 잘 도전하지 않는 저희 부모님도 같이 먹어보고, 맛있다고 인정했으니까 온 가족이 함께하기 좋은 메뉴로 추천합니다. 브런치로 샐러드와 곁들여 먹으면 더 환상이랍니다.

주재료
바게트 50g, 드라이 카레 50g

양념
다진 마늘 1큰술, 알룰로스 1큰술, 버터 0.5큰술, 파슬리가루 조금

만드는 법

1 바게트는 1~1.5cm 두께로 자른다.
   식빵이나 또띠아도 OK!

2 드라이 카레, 다진 마늘, 알룰로스, 버터, 파슬리를 담고 전자레인지에 1분간 돌린 후 잘 섞어준다.
   버터를 빼고 양념한 뒤 피자치즈를 얹어 구워 먹어도 맛있어요.

3 빵 위에 카레 양념을 고루 펴 바른 뒤 에어프라이어 170℃에서 5분간 구워 완성한다.

보너스 레시피 — 마늘빵 소스
2번 과정에서 드라이 카레를 빼고, 같은 양념에 소금 0.5큰술을 추가하여 만들어주세요.

피곤하고 귀찮은 날, 간단하게 즐기는 색다른 한 끼
드라이 카레 그라탕

대용량
드라이 카레
186p

⏱ 10분

#노동가성비
#설거짓거리
없어요

드라이 카레를 만들면 제일 많이 해먹는 메뉴가 드라이 카레 그라탕이랍니다. 처음에는 드라이 카레와 밥을 프라이팬에 볶아서 부드러운 카레 리소토로 만들어 먹었어요. 그런데 가스불 켜기도 귀찮고 설거짓거리 싫은 날, 에어프라이어로 한방에 만들어보자 했는데 가스불로 할 때랑 또 다른 맛이 있는 그라탕이 탄생했어요. '노동을 줄여 간편하게 만들어 맛있게 먹는 게 최고다'라고 생각하기 때문에, 이 간단하고 맛있는 메뉴를 꼭 소개하고 싶었어요. 우유 대신 두유나 아몬드브리즈, 귀리우유도 OK! 밥 대신 면두부도 괜찮아요. 토핑 없이 먹어도 맛있지만 닭가슴살, 소시지, 새우, 달걀프라이 등 단백질 토핑을 추가하면 더 맛나겠죠?

재료

드라이 카레 100g, 잡곡밥 100g, 저지방우유 50ml, 피자치즈 3큰술(25g) 또는 슬라이스 치즈 1장

만드는 법

1 오븐 그릇에 밥을 담고 우유를 붓는다.
   우유 대신 두유나 아몬드브리즈, 귀리우유도 OK!
   밥 대신 연두부도 괜찮아요.

2 밥 위에 드라이 카레를 펼쳐 담고 피자치즈를 얹어 에어프라이어 170℃에서 8분간 익힌다.
   (전자렌지는 2분)

4장

생활비 다이어트도 가능!
짠테크 냉파 요리

장보기가 무서울 정도로 오르는 식재료 물가,
그렇다고 잘 먹고 싶은 열정까지 줄일 순 없죠. 가성비 좋은 식재료를 엄선해,
적은 비용으로 고급진 한 끼를 만드는 방법을 소개합니다.

집에서 싱가포르 여행 기분을 내봐요
칠리 게살 덮밥

 20분

#한식인듯
#한식아닌

싱가포르에 가면 꼭 먹어야 하는 메뉴로 가장 먼저 떠오르는 칠리크랩.
싱가포르에 가지 않더라도 매콤하고 달달한 칠리크랩이 당길 때가 있는데,
게는 워낙 비싼 식재료잖아요. 그래서 게맛살로 알뜰버전 칠리 게살을 만들어
밥 위에 얹었는데, 생각보다 너무 맛있는 의외의 메뉴가 탄생했지 뭐예요.
집에 있는 재료와 양념으로 한식은 아니지만 너무 이국적이지도 않아 입에 착착
감기는 칠리 게살 덮밥. 가성비 좋은 알뜰 식단으로 추천해요!

 보너스 레시피　**칠리 새우 덮밥, 칠리 오징어 덮밥**

게맛살을 새우나 오징어로 바꿔도 정말 맛있어요. 칠리소스와 해산물의 궁합이 굿이랍니다. 각 100g씩의 오징어, 새우를 3번 과정과 동일하게 볶으세요. 양념의 양은 동일합니다.

주재료
잡곡밥 100g, 게맛살 80g, 양파 1/4개(50g), 달걀 1알, 청양고추 1개

양념
케첩 2큰술, 간장 1큰술, 스리라차 1큰술, 알룰로스 1큰술, 고춧가루 0.5큰술, 후추 조금, 식용유 1.5큰술, 다진 마늘 0.3큰술, 물 0.3컵

만드는 법

1 게맛살은 잘게 찢고, 양파와 청양고추는 잘게 깍둑 썬다.

2 케첩, 간장, 스리라차, 알룰로스, 고춧가루, 후추를 섞어 양념장을 만든다.

3 달군 팬에 기름을 두르고 마늘을 볶아 향을 낸 뒤 맛살, 양파를 넣어 중불에 노릇하게 볶는다.

4 약불로 줄이고 물과 섞어둔 양념장, 청양고추를 넣어 모든 재료가 섞이도록 끓인 뒤 달걀을 풀어 원하는 정도(반숙이나 완숙)로 익혀 밥 위에 얹어낸다.

밥 대신 빵이나 두부면과 곁들여도 의외의 꿀조합!

착한 가격에 다이어트와 노화방지 효능까지!
세발나물 샌드위치

⏱ **20분**

#착한식재료
#가성비
#식이섬유

세발나물은 1,500원 정도면 꽤 많은 양을 살 수 있어요. 착한 가격에 생각보다 다양한 메뉴에 잘 어울리는데, 꼭 샌드위치를 만들어보세요. 평범한 샌드위치 재료에 세발나물 하나만 추가했을 뿐인데, 아삭하고 독특한 식감의 샌드위치가 탄생한답니다.
주변 지인들과도 여러 번 먹어보았는데, 호불호 없이 모두가 맛있게 먹었으니 새로운 메뉴라고 무서워 말고 도전해보세요.

주재료

세발나물 60g, 저지방햄 40g, 호밀 식빵 2장, 달걀 2알

양념

소금 1꼬집, 참기름 0.5큰술, 참깨 조금, 식용유 0.5큰술, 마요네즈 1큰술, 스리라차 1큰술

만드는 법

1 세발나물은 흐르는 물에 깨끗이 씻어 물기를 잘 제거한다.

물기를 잘 제거해야, 샌드했을 때 빵이 젖지 않아요.

2 세발나물에 소금, 참기름, 참깨를 넣고 살짝 무친다.

3 달군 팬에 기름을 두르고 달걀 2알을 스크램블 한다.

4 식빵 - 햄 - 달걀 - 마요&스리라차 - 세발나물 - 식빵 순으로 얹어 샌드위치를 완성한다.

내 손으로 내가 만든 건강 크레페
닭가슴살 오트밀 크레페 랩

 20분

#내손내만
#오트밀활용
#시판또띠아
 보다저탄수

또띠아를 샀다가 생각보다 오랜 기간 냉동실에 두고 먹은 적 많으시죠?
시판 또띠아 대신 집에 있는 오트밀가루로 탄수화물 양은 적게, 단백질은
추가한 건강 크레페를 구워서 랩으로 만들어보세요. 기분에 따라 크레페 반죽에
비트가루, 말차가루, 강황가루 등을 조금씩 넣어 알록달록 예쁜 색감의
크레페를 만들 수도 있답니다.
레시피에 소개된 닭가슴살 대신 소고기, 새우, 돼지안심, 게맛살, 구운 두부,
달걀 등으로 단백질원을 다양하게 바꿔서 질리지 않는 식단을 구성해보세요.

보너스 레시피

홈메이드 오트밀 크레페

레시피에 소개된 양은 크레페 한 장을 만드는 분량입니다. 장 수를 늘려 만든다면, 재료양도 두 배, 세 배로 늘려주세요. 밀폐가 가능한 지퍼백에 사이사이 종이호일을 넣어 붙지 않도록 한 후, 냉동하면 사용할 때 편리해요. 보관 기한은 2~3주 안.

주재료

닭가슴살 100g, 생오트밀가루 20g, 달걀 1알, 슬라이스치즈 1장, 양배추 60g, 당근 30g, 양파 20g, 오이 20g, 물 1/4컵

양념

소금 1꼬집, 식용유 0.5큰술, 머스터드 1큰술, 마요네즈 1큰술

만드는 법

1 양배추, 닭가슴살, 양파, 당근, 오이는 채썰고, 치즈는 반으로 나눈다.

2 오트밀가루, 달걀, 물, 소금을 잘 섞어 크레페 반죽을 만든다.

3 달군 팬에 식용유를 두르고 약불에서 크레페 반죽을 앞뒤로 노릇하게 부쳐낸다.

24cm 팬에서 구웠어요. 크레페가 얇으니 부칠 때, 찢어지지 않도록 주의하세요.

4 구운 크레페 위에 양배추, 닭가슴살, 양파, 당근, 오이, 치즈를 넣고 머스터드, 마요네즈를 뿌려 만다.

소스를 뿌린 뒤 치즈로 덮어서 말아주면 손에 묻는 걸 방지할 수 있어요.

 20분

#냉털
#찬바람불면
생각나요

다이어터를 위한 크림소스, 국물로 즐겨요
크림탕

다이어터 버전으로 덜 육덕지면서 가볍게 먹을 수 있는 크림소스를 만들고, 냉장고 사정에 따라 채소를 다양하게 바꾸며 즐기는 크림탕. 칼칼하고 뜨끈한 국물도 땡기고 고소한 크림소스도 땡기는 날 만들어보세요.
버섯류가 잘 어울리니 꼭 추가!
밥을 말아 먹어도 잘 어울리고, 찬바람이 불어오는 계절에 더 추천합니다.

주재료

새우 100g, 냉동채소 80g, 양배추 50g, 청양고추 1개, 저지방우유 2/3컵, 물 1/3컵

양념

식용유 0.5큰술, 다진 마늘 0.3큰술, 국간장 0.5큰술, 소금 3꼬집, 후추 조금, 파슬리가루 조금

만드는 법

1 청양고추는 슬라이스하고, 양배추는 한입 크기로 썬다.

2 달군 팬에 기름을 두르고 다진 마늘을 넣어 향을 낸 뒤 중약불에서 양배추와 새우를 노릇하게 익힌다.

3 중불에서 냉동 채소와 국간장을 넣고 살짝 향을 입힌다.

4 중불에서 우유, 물, 청양고추를 넣고 끓어오르면 소금, 후추로 간하고 파슬리가루를 뿌려 완성한다.

크러쉬드 레드페퍼를 넣으면 깔끔하게 매운맛이 추가되고, 슬라이스치즈 1장을 넣으면 더 진한 맛이 나요. 불 끄기 직전에 피자치즈 1~2큰술을 넣어도 좋아요.

고급 궁중요리를 알뜰 냉파 버전으로
두부선

2회 분량

20분

#고급진냉파요리
#국민식재료두부
#영양만점

두부선은 500년이 넘는 역사를 가진, 한국 전통 궁중요리예요. 대학생 때 한식 전통문화를 배우며 처음 접하고 한식조리기능사 실기에서 다시 만난, 저랑 각별한 인연을 가진 메뉴랍니다. '선'이란 채소, 두부, 소고기 등을 잘게 썰거나 다져서 만든 음식인데, 고소하고 담백한 정통 궁중요리 두부선에는 잣이나 실고추 등 고급스러운 재료들을 사용해요.
라미표 두부선은 알뜰한 다이어터들을 위한 냉파 버전으로 탄수화물, 단백질, 지방, 섬유소까지 한 방에 고른 영양소를 섭취할 수 있답니다.

주재료	양념	소스(선택사항)
두부 1모(300g), 닭가슴살 100g, 퀵오트밀 4큰술, 달걀 1알, 표고버섯 2송이(40g), 대파 30g, 당근 20g	참기름 0.5큰술, 참깨 0.5큰술, 다진 마늘 0.3큰술, 소금 2꼬집, 후추 조금	연겨자 1큰술, 식초 1큰술, 간장 1큰술, 스테비아 0.3큰술

만드는 법

1 대파, 당근, 표고버섯은 잘게 다져 준비한다.

이외에도 물기가 적은 파프리카, 피망, 부추, 고추 등 색감과 식감을 살려주는 채소들을 추천해요.

2 믹서기에 두부, 닭가슴살, 오트밀, 달걀, 모든 양념을 넣어 곱게 갈고, ❶의 다진 채소를 넣어 반죽한다.

3 전자레인지 용기(또는 실리콘 몰드)에 반죽을 넣어 전자레인지에 7~8분 돌려 완성한다.

용기에 종이호일을 깔고 반죽을 넣으면, 빼내기 편해요.

착한 가격에 더 착한 칼로리
천사채 달걀 만두

 25분

#119메뉴
#영양사꿀메뉴
#천사채당면화

영양사라면 익숙한 달걀만두는 달걀에 만두 속을 섞어 부쳐낸 고소한 전 느낌의 메뉴랍니다.
라미표 다이어터 버전 달걀만두는 당면 대신 천사채를 이용했어요. 다시마와 우뭇가사리로 만든 꼬들꼬들 천사채는 베이킹소다로 데쳐내면 보들보들해져 당면 대체제로 딱이에요. 당면 100g에 350칼로리인 데 비해 천사채는 100g당 6칼로리이고, 1kg에 2천원 정도라 가격과 칼로리 모두 착한 재료랍니다. 닭가슴살 대신 으깬 두부 또는 소고기를 넣어도 좋고 달걀만 넣어도 충분히 맛이 좋으니, 집에 있는 재료로 다양하게 응용해보세요.
욕망의 식사를 한 다음이거나 식단을 확 조여야 하는 날, 고단백에 양도 푸짐하지만 클린한 메뉴인 천사채 달걀 만두를 추천합니다.

주재료
천사채 100g, 베이킹소다 0.5큰술, 달걀 3알, 닭가슴살 50g, 대파 1/3뿌리, 당근 20g, 청양고추 1개

양념
소금 2꼬집, 후추 조금, 식용유 1.5큰술

양념장
간장 1큰술, 물 1큰술, 식초 0.5큰술

만드는 법

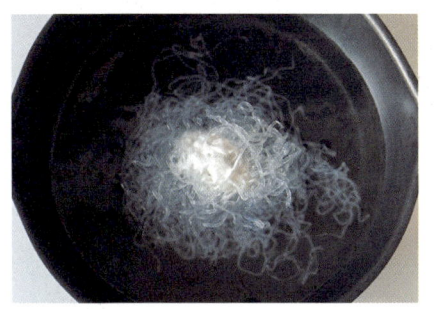

1 끓는 물에 천사채, 베이킹소다를 넣어 3~5분간 저으며 데쳐내 당면처럼 풀어지도록 끓여 찬물에 헹군다.

2 천사채 당면, 닭가슴살, 대파, 당근, 청양고추는 잘게 썬다.

3 볼에 달걀을 풀고 ❷번의 다진 모든 재료와 소금, 후추를 넣어 반죽한다.

4 달군 팬에 기름을 두르고, 중약불에서 반죽을 동그랗게 부치다가 50~60%쯤 익으면 반으로 접어 완성한다.

🍴 **보너스 레시피** **천사채 당면 잡채**

재료 | 천사채 당면 80g, 닭가슴살 100g, 양파 20g, 당근 20g, 부추 5g, 간장 2.5큰술, 알룰로스 1큰술, 식용유 0.5큰술, 참기름 0.5큰술, 다진 마늘 0.3큰술, 후추 조금, 참깨 조금

닭가슴살과 양파, 당근은 채썰고, 부추는 4cm로 썬다. 중불로 달군 팬에 식용유를 둘러 썰어둔 모든 채소와 닭가슴살을 넣고 볶은 뒤 당면화한 천사채와 모든 양념을 넣어 볶아 완성한다.

자작 국물이 땡기는 날!
팽이버섯 순두부 매콤조림

 15분

#착한가격
#밥반찬뚝딱
#천원의행복

매일매일 치솟는 물가 때문에 장바구니는 점점 가벼워지죠? 저도 요즘 들어 어떻게 하면 더 가성비 좋게 만들어 먹을까 많이 고민하고 있어요. 순두부나 팽이버섯도 조금씩 가격이 인상됐지만, 아직까지는 착한 가격에 배불리 먹을 수 있는 고마운 식재료죠.
팽이버섯 순두부 조림은 다른 반찬 없이 딱 밥이랑 같이 먹으면 영양가득 한 끼가 되고 포만감이 좋은 메뉴예요. 특히 매콤하고 자작한 국물의 한식 땡기는 날에 딱! 순두부, 팽이버섯 2가지로 알뜰한 천원의 행복을 누려보세요!

 보너스 레시피

팽이버섯 순두부 간장조림
고춧가루를 빼면 달달한 간장 버전의 조림으로 만들어 아이들도 즐길 수 있어요.

팽이버섯 순두부 카레조림
간장 대신 카레가루 1큰술로 바꿔 의외의 신박한 맛조합을 즐겨보세요.

주재료

순두부 1봉 400g, 팽이버섯 1봉, 대파 1뿌리

양념

물 1/3컵, 간장 2큰술, 고춧가루 1큰술, 들기름 1큰술, 알룰로스 0.5큰술, 굴소스 0.5큰술, 다진 마늘 0.5큰술, 후추 조금

만드는 법

1. 대파는 어슷썰고, 팽이버섯은 밑동을 제거하고 잘게 찢는다.

2. 모든 양념을 미리 섞어 조림장을 만든다.

3. 팬에 팽이버섯과 대파를 깔고 그 위에 순두부 1봉을 넣고 한입 크기로 툭툭 자른다.

순두부 대신 일반 두부나 면두부를, 파 대신 양파를 깔아도 좋아요.

4. 조림장을 넣고 뚜껑을 덮어 중약불에서 약 3분 간 조린 뒤 완성.

뚜껑이 없다면 약불에서 5분간 조리.

 20분

#사과는필수
#멕시칸사라다
#추억소환

추억의 사라다, 저칼로리 샌드위치로!
멕시칸 샐러드 샌드위치

추억의 이름, 멕시칸 사라다! 실제 멕시코에는 없다는 멕시칸 샐러드는 누군가에게는 사라다빵 속재료로, 누군가에게는 호프집 안주로 기억되는 추억의 음식이죠. 요즘은 샐러드가 다양한 조합으로 고급화됐지만, '추억의 음식'을 이길 수는 없어요.

냉장고 속 채소와 닭가슴살을 채썰어, 저칼로리 소스에 버무려 멕시칸 샐러드를 만들어 샌드하면 바로 추억소환 가능! 갖가지 채소들이 비타민과 식이섬유를 채워주고 양질의 단백질원인 닭가슴살, 건강한 탄수인 호밀빵, 소스의 지방까지! 탄단지섬 완벽한 한 끼 식단을 만들어보세요.

주재료

호밀 식빵 2장, 달걀 2알, 닭가슴살 50g, 상추 6장, 양배추 40g, 오이 40g, 사과 30g, 양파 20g, 당근 20g

양념

마요네즈 1.5큰술, 머스터드 1큰술, 레몬즙 0.3큰술, 소금 1꼬집, 후추 조금

만드는 법

1. 달걀은 10분간 삶아 껍질을 벗긴다.

2. 상추는 깨끗이 씻어 물기를 제거하고 닭가슴살은 잘게 찢고, 양배추, 양파, 당근, 오이, 사과는 채썬다.

  채소들은 다양하게 바꿔도 좋지만, 사과가 들어가야 멕시칸 샐러드 느낌이 나요.

3. 채썬 양배추, 양파, 당근, 오이, 사과, 삶은 달걀에 모든 양념을 넣어 잘 섞어 멕시칸 샐러드를 만든다.

4. 매직랩을 깔고 식빵 - 상추 3장 - 멕시칸 샐러드 - 상추 3장 - 식빵 순으로 샌드위치를 만들어 완성한다.

  식빵 대신 바게트, 호밀빵, 또띠아 가능!

달걀에서 왜 카스텔라 맛이 나죠?
카스텔라 달걀치즈구이 샌드

 40분

#구웠는데
#보들보들
#달걀의변신

제가 장 볼 때마다 빼놓지 않고 구매하는 건 바로 달걀이에요. 곁들이고, 응용할 수 있는 메뉴들이 무궁무진한데, 가성비 좋은 단백질원이고 맛있으니까요. 그동안 달걀을 사용한 많은 레시피를 소개했는데, 이번에는 시간이 좀 걸리지만 색다른 조리법으로 달걀의 또 다른 매력을 맛볼 수 있는 달걀치즈구이 샌드를 만들었어요. 간단 전자레인지 버전으로 7분 만에 만들 수도 있지만, 시간을 투자해 꼭 '구운' 버전으로 드셔보세요. 잘 구워져서 갈색이 된 달걀에서 카스텔라 맛이 나거든요. 카스텔라와 같은 향과 보드라운 식감이 매력적인 행복한 샌드위치의 세계에 푹 빠져보세요.

 보너스 레시피 **카스텔라 달걀찜**
에어프라이어로 굽는 과정이 번거롭다면, 전자레인지에 6~7분간 쪄내면 촉촉한 식감의 달걀찜으로 완성돼요.

주재료
호밀 식빵 2장, 달걀 4알, 저지방우유 1/2컵, 피자치즈 1큰술

양념
맛술 1큰술, 알룰로스 1큰술, 간장 0.3큰술, 소금 1꼬집, 후추 조금, 마요네즈 1큰술, 연겨자 0.2큰술, 식초 0.5큰술

만드는 법

1. 달걀, 우유, 맛술, 간장, 알룰로스, 소금, 후추를 넣어 잘 풀어 체에 내린다.

2. 오븐용기에 종이호일을 깔고 달걀물과 피자치즈를 넣고, 윗부분에 다시 종이호일을 덮어 **180℃**에서 5분 예열한 에어프라이어에 **170℃**에서 25분 동안 굽는다.

   20분 후 뒤집어 아랫면도 잘 구워지도록 하세요.

3. 마요네즈, 연겨자, 식초를 넣고 소스를 만든다.

   연겨자 대신 머스터드, 와사비도 OK!

4. 달걀구이는 식빵 크기에 맞게 자른 뒤 소스를 발라 샌드한다.

보들보들 순두부와 고소한 수란이 만나면?
순두부 양파 덮밥

 15분

#단짠아삭
#한그릇요리
#수란도전

데리야끼 소스
194p

정말정말 간단하게 장을 봐도 10만원이 훌쩍 넘어가요. 경제적인 다이어트가 필요한 요즘, 간단하고 맛있게! 푸짐하고 영양가 있게! 한 끼 식단이 가능한 순두부 양파 덮밥을 소개할게요. 라미표 저염저당 데리야끼 소스만 있다면 입맛 사로잡는 덮밥 양념을 만들 수 있고, 보들보들한 순두부와 고소한 수란은 단짠으로 아삭하게 볶아진 양파와 맛 궁합이 좋아요. 수란이 만들기 어렵다면 달걀프라이 반숙을 올려도 괜찮고요. 저칼로리면서 섬유질이 풍부한 양파를 푸짐하게 섭취할 수 있어 추천하는 가성비 메뉴랍니다.

 보너스 레시피

수란 만들기

강불로 물을 끓인 후, 끓어오르면 중불로 줄인 뒤 식초 1큰술을 넣고 물을 한 방향으로만 10번 정도 둥글게 저어주세요. 달걀을 조심히 깨뜨려 넣어 약 1분에서 1분 30초간 익혀주세요.
소화력이 약하다면 완숙보다는 반숙이 소화가 더 잘 돼요. 또 달걀노른자에 있는 비타민이나 효소 등 열에 약한 영양소는 반숙보다 완숙 상황에서 더 파괴됩니다.

주재료

순두부 1/2봉(200g), 양파 1/2개(100g), 달걀 1알, 쪽파 10g

양념

식초 1큰술, 참기름 0.3큰술, 데리야끼 소스 3큰술

만드는 법

1 양파는 얇게 채썰고, 쪽파는 쫑쫑 썬다.

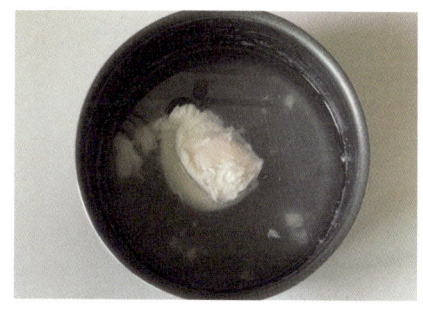

2 물이 끓으면 중불로 줄여 식초를 넣고 물을 한 방향으로 10번 정도 둥글게 저어준 뒤, 달걀을 조심히 넣어 1분~1분 30초 익히면 수란 완성!

3 달군 팬에 중불에서 양파와 참기름을 넣고 양파가 투명해질 때쯤 데리야끼 소스를 넣는다.

데리야끼 소스 대신 간장 2큰술, 물 2큰술, 알룰로스 0.5큰술, 후추 조금 섞어서 사용하세요.

4 볼에 밥을 담고 양파볶음, 순두부, 수란, 쪽파를 얹어 덮밥을 완성한다.

팁 차갑게 또는 따뜻하게, 두 가지 버전으로 즐겨요

순두부만 차갑게 얹고 나머지는 따뜻하게 해서 온도차를 느끼며 먹는 걸 추천합니다. 모두 따뜻하게 드시고 싶다면 순두부를 전자레인지 용기에 담아 1분 정도 데워 사용하면 좋아요.

 15분

#냉동채소도OK
#도시락
#밀프랩

살짝 눌은 카레가 더 맛있어요
오트밀 카레전

냉털 메뉴로 강력 추천하는 오트밀 카레전. 레시피에 소개된 재료 말고도 냉동채소를 다져서 넣어도 좋고, 집에 있는 어떤 채소와도 잘 어울려요. 한 끼에 탄수화물과 단백질, 채소를 고루 섭취할 수 있는 게 큰 장점인 식단이에요. 뚝딱 만들어 도시락이나 밀프랩하기에도 좋아요. 저는 카레가 노릇하게 살짝 눌은 부위가 너무 맛있어서 일부러 좀 더 오래 굽는 편이에요.

주재료
퀵오트밀 40g, 닭가슴살 30g, 달걀 2알, 애호박 30g, 양파 20g, 당근 20g

양념
물 1/4컵, 카레가루 1큰술, 후추 조금, 식용유 1큰술

만드는 법

1. 닭가슴살, 애호박, 양파, 당근은 잘게 다진다.

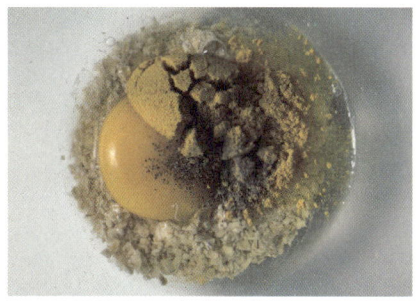

2. 볼에 퀵오트밀, 달걀, 물, 카레, 후추를 넣고 잘 섞어 5분간 불린다.

3. 다져둔 닭가슴살, 애호박, 양파, 당근을 ❷에 넣어 카레전 반죽을 만든다.

청양고추를 넣으면 매콤해서 더 특색 있고, 고춧가루 0.5큰술 넣으면 칼칼하고 색까지 고와져요.

4. 팬을 달궈 기름을 두르고 중불에서 먹기 좋은 사이즈로 전을 부쳐낸다.

 15분

#국민식재료
#이색메뉴
#바다향취향저격

묵은 김, 처치곤란한 김의 재탄생
오트밀 김전

집에 묵은 김이나 처치곤란한 김이 있다면 꼭 한 번 만들어봐야 할 메뉴, 바로 오트밀 김전입니다. 김을 그냥 싸먹거나 김밥 만드는 재료로만 활용하고 있나요? 김은 김국, 김무침, 김볶음, 김전 등 의외로 다양한 레시피로 응용가능한 식재료랍니다. 그중에서 간단하게 식단으로 챙길 수 있는 오트밀 김전을 소개할게요. 초간단으로 쉽게 만들 수 있지만 이색적인 메뉴이고, 특히 해초나 바다향이 취향인 분들에게 맞춤 메뉴랍니다.

주재료

생오트밀가루 40g, 김밥김(또는 생김) 5장, 당근 20g, 대파 1줄기, 청양고추 1개

양념

물 1컵, 소금 1꼬집, 식용유 1.5큰술

초간장(선택사항)

간장 1큰술, 물 1큰술, 식초 1큰술, 알룰로스 0.3큰술

만드는 법

1. 당근은 채썰고 대파와 청양고추는 잘게 썬다.

2. 볼에 김을 찢어 넣고 물을 나누어 넣어가며 김을 불린다.

조미김이라면 10~15g을 사용하고, 소금간은 생략하세요.

3. 불린 김에 썰어둔 당근, 대파, 고추, 소금을 넣어 섞은 뒤 오트밀가루를 넣어 전 반죽을 만든다.

4. 달군 팬에 기름을 두르고 중불에서 한입 크기로 전을 부쳐낸다.

냉장고 속 재료 탈탈 털어 만드는
쏘야 볶음면

15분

#도시락
#밥반찬
#아는맛

소시지 야채 볶음 좋아하시나요? 달달한 케첩소스에 살짝 도는 마늘향, 탱글한 소시지와 아삭한 채소가 어우러진 쏘야 볶음은 밥반찬으로 먹어도 맛있지만, 볶음면 버전으로 즐겨도 맛나답니다.
호로록 넘어가는 실곤약면과 푸짐한 채소 덕에 포만감도 오래 가는 쏘야 볶음면. 채소는 냉장고에 있는 어떤 것이든 넣어도 좋고, 도시락으로도 좋은 메뉴예요.

보너스 레시피 매콤 쏘야 볶음면
4번 과정에서 고춧가루 0.5큰술(또는 스리라차 1큰술)과 청양고추를 추가하여 매콤하게 즐기세요.

주재료

곤약면 200g, 닭가슴살 소시지 100g, 양파 40g, 피망 또는 파프리카 30g, 당근 20g

양념

식용유 0.5큰술, 케첩 2큰술, 간장 1큰술, 알룰로스 0.5큰술, 다진 마늘 0.3큰술, 후추 조금, 참깨 조금

만드는 법

1 양파, 당근, 파프리카는 채썰고, 소시지는 한입 크기로 슬라이스한다.

2 달군 팬에 기름을 두르고 중불에서 소시지를 노릇하게 볶는다.

3 중불에서 양파, 당근, 파프리카를 넣어 양파가 반투명해질 때까지 볶는다.

4 실곤약, 케첩, 간장, 알룰로스, 다진 마늘, 후추, 참깨를 넣어 잘 섞어 중불에서 양념이 배도록 볶아 완성한다.

간장 대신 굴소스 0.5큰술을 넣으면 감칠맛이 더 좋아요.

다이어트 버전 쏘야

곤약면이 안 들어간 밥반찬으로 쏘야를 만들려면 양념은 그대로 하고, 소시지의 양만 200g으로 늘리세요.

보리굴비 한정식 부럽지 않은
치킨 데리야끼 오차즈케

 15분

#한그릇요리
#단백질원은다양하게

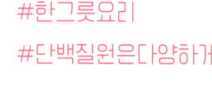
데리야끼 소스
194p

오차즈케는 차에 밥을 말아먹는 일본 음식인데요. 한정식집의 보리굴비 정식에서 흔히 제공되는 방식이죠.
얼음 동동 시원한 녹차물 속 밥알이 더 탱글해져 씹는 맛이 좋아지고, 짭짤한 보리굴비나 젓갈류와도
꿀조합이랍니다.
저염저당 데리야끼 소스를 만들어두면 집에서도 간단하게 감칠맛 나는 오차즈케를 만들 수 있어요.
간단하게 치킨 데리야끼까지 만들어 올려주면 나만을 위한 정식이 뚝딱 완성!
여기에 집 김치 한 조각 척 얹으면 최고죠.
레시피에 소개된 닭안심 대신 닭가슴살, 연어, 흰살생선, 소고기, 훈제오리로 다양하게 만들어보세요.

주재료

닭안심 100g, 밥 130g, 가다랑어포 3g(세 손가락으로 한 줌), 녹차티백 1개, 물 400ml, 김가루 5g

양념

소금 1꼬집, 후추 조금, 데리야끼 소스 2큰술, 식용유 0.5큰술, 참깨 0.3큰술

만드는 법

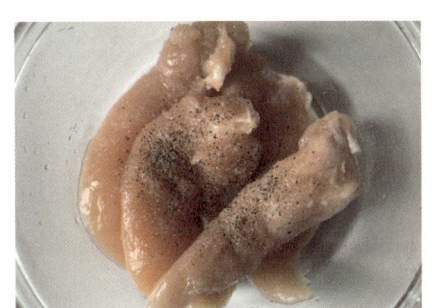

1 닭안심에 소금, 후추를 뿌려 밑간한다.

2 물에 녹차티백과 가다랑어포, 데리야끼 소스 0.5큰술을 넣어 5~10분 정도 우린 후, 건더기를 거른다.

따뜻한 물의 오차즈케나 얼음 띄워 시원한 오차즈케. 기분과 취향에 따라 즐기세요.

3 달군 팬에 기름을 두르고 중불에서 닭안심을 앞뒤로 노릇하게 구운 뒤, 약불로 줄이고 데리야끼 소스 1.5큰술을 넣어 살짝 조리고 불을 끈다.

4 그릇에 밥을 담고 우려낸 녹차물을 붓고 구운 닭안심과 김가루, 참깨를 뿌려 완성한다.

5장

가성비&가심비 모두 갓벽!
다이어트 김밥

김과 밥만 있다면 냉장고 속 사정에 맞춰 내맘대로 변경가능한 김밥!
평범하지만 신박한 김밥 꿀조합으로
한입 가득 푸짐하게 먹을 수 있는 김밥 메뉴를 만나보세요.

초밥도 클린하게
게맛살 롤초밥

 25분

#누드김밥
#예쁜식단
#클린초밥

다이어트 식단도 예쁘게 만들어 먹어야 한다는 거 이제는 다들 아시죠?
게살과 신선한 양배추가 마요네즈에 싸악 버무려져 고소하게 씹히는 롤초밥.
롤초밥도 한 줄에 만원이 넘으니 살짝 부담스럽고, 일식은 초밥 양념에 생각보다 설탕이 많이 들어가 결코 다이어트 식단이 아니랍니다.
하지만 직접 만들면 절반도 안 되는 가격에 클린한 롤초밥을 즐길 수 있어요.
개운한 녹차 한 잔이나 따끈한 미소 된장국 후다닥 만들어 근사한 한 끼로 먹거나 예쁜 도시락을 싸서 행복한 식단을 셀프 선물해보세요.

 보너스 레시피 **가다랑어포 간장달걀밥**

밥 130g에 달걀프라이 2알, 가다랑어포 한 줌 넣고 간장 1큰술, 참기름 0.3큰술, 참깨 조금 넣고 비벼드세요.
가다랑어포 추가로 감칠맛이 확 올라갑니다.

주재료
밥 130g, 김밥김 1장, 게맛살 80g, 양배추 80g, 양파 20g, 깻잎 1묶음, 가다랑어포 5g(생략 가능)

속재료 양념
마요네즈 1.5큰술, 스테비아 0.5큰술, 레몬즙 0.3큰술, 후추 조금

밥 양념
식초 0.5큰술, 알룰로스 0.3큰술, 참깨 0.5큰술, 소금 1꼬집

만드는 법

1 깻잎은 깨끗하게 씻어 물기를 제거하고, 게맛살을 잘게 찢어 둔다. 양배추와 양파는 가늘게 채 썰어 준비한다.

2 게맛살, 양배추, 양파에 마요네즈, 스테비아, 레몬즙, 후추를 넣고 고루 섞어 속재료를 만든다.

3 밥에 식초, 알룰로스, 참깨, 소금을 넣어 고루 섞어 양념한다.

참깨와 소금 대신 후리가케 1큰술도 OK!

4 김 전체에 밥을 얇게 깔고 밥이 바닥에 가도록 뒤집어, 김 쪽에 깻잎 1/2 - 속재료 - 깻잎 1/2 순서로 누드김밥을 만든 뒤 가다랑어포를 뿌려 완성한다.

속재료의 물기로 김에 젖지 않도록 깻잎으로 덮어주고 말아내는 것이 포인트!

 25분

#겨자소스
#한입에쏙

김밥 초보자는 꼬마김밥부터!
다이어트 꼬마김밥

김밥의 매력은 식재료 철과 물가 변동과 취향에 따라, 속재료를 변경할 수
있다는 점이에요. 그때그때 저렴한 식재료로, 생으로 또는 볶아서
나만의 꼬마김밥을 만들어보세요.
고소한 기름을 듬뿍 넣고 단맛 꽉꽉 나는 원조를 따라갈 수는 없지만,
채소를 가득 넣어 푸짐하고 노슈가 겨자소스에 찍어 먹으면 나름 행복하답니다.
김밥 말기 어려워하는 초보자도 한입에 쏙 들어가는 꼬마김밥을 말다보면,
대왕김밥도 척척 말 수 있어요.

주재료
밥 120g, 김밥김 2장, 달걀 2알, 오이 60g, 당근 40g

밥 양념
참기름 0.3큰술, 소금 1꼬집, 참깨 조금

겨자소스 양념
물 2큰술, 간장 1큰술, 식초 1큰술, 연겨자 0.5큰술, 스테비아 0.5큰술

만드는 법

1 당근과 씨를 제거한 오이는 얇게 채썰고, 김은 1/2 크기로 자른다.

오이씨를 제거해야 물기가 생기지 않아요. 생채소가 싫다면 당근이나 오이를 살짝 볶아도 좋아요.

2 달걀을 풀어 지단으로 부친 뒤 1/2 김 크기에 맞춰 썬다.

3 밥에 밥 양념을 모두 넣어 고루 섞는다.

4 김에 밥을 깔고 당근, 오이, 달걀을 넣어 말고, 겨자소스를 곁들인다.

오이 대신 맛소금 간을 살짝 한 데친 시금치나 부추를 넣어도 색감이 좋아요.

당 높은 단무지 대신 새콤한 묵은지
세발나물 김밥

⏱ **25분**

#봄소풍도시락
#묵은지가포인트
#쌈무도OK

참치와 초고추장을 넣어 쓱싹 비벼 먹는 세발나물 비빔밥이 '최애'지만, 김밥도 놓쳐서는 안 되는 세발나물 응용 메뉴 중 하나랍니다. 세발나물 김밥은 한입 가득 아삭한 세발나물의 식감과 은은하게 고소한 맛이 매력적인 메뉴예요.

묵은지는 당이 높은 단무지 대신 맛에 포인트를 주고, 좀 더 편하게 김밥을 말 수 있게 해줘요. 묵은지가 없으면 쌈무 3~4장으로 대신하세요. 봄이 제철이니 봄소풍이나 등산 도시락으로 추천해요.

주재료

밥 100g, 김밥김 1장, 달걀 2알, 세발나물 60g, 당근 30g, 묵은지 1줄기

양념

소금 2꼬집, 식용유 0.3큰술, 들기름 0.3큰술, 참깨 조금

만드는 법

1 묵은지는 양념을 씻어 물기를 꼭 짜고, 세발나물은 깨끗하게 씻고, 당근은 얇게 채썬다.

안 익은 김치는 신김치 특유의 새콤한 맛이 없어 비추.

2 달걀 2알과 소금 1꼬집을 풀어, 달군 팬에 기름을 두르고 약불에서 손가락 굵기만큼의 달걀말이를 만든다.

3 물기를 제거한 세발나물에 소금 1꼬집, 들기름, 참깨를 넣고 양념한다.

세발나물 대신 밥에 양념을 하면, 밥을 깔기 쉬워져요.

4 김에 밥을 넓고 얇게 깔고, 달걀말이, 세발나물, 당근을 얹고 그 위에 묵은지를 넓게 펴 재료들을 덮어준 뒤 돌돌 말아 김밥을 완성한다.

묵은지를 꼭 마지막에 덮은 후 싸야 김밥 말기가 쉬워져요.

 20분

#의외의꿀조합
#진리의달걀마요

달걀마요에 개운한 맛을 추가했어요
달걀 와사비마요 김밥

저는 달걀을 좋아도 하고, 가성비 좋은 단백질원이기 때문에 다이어트 중에
달걀을 많이 먹는 편이에요. 하루 4알 정도는 먹어도 충분히 감량되더라고요.
보통은 으깬 삶은 달걀을 마요네즈에 버무린 달걀마요는 샌드위치나 또띠아 랩으로
먹는데, 김과 밥의 조합도 좋아서 소개하고 싶었어요. 와사비를 넣어
개운한 맛을 추가한, 의외의 김밥 꿀조합이니 꼭 만들어보세요.

주재료
밥 130g, 김밥김 1장, 삶은 달걀 4알, 깻잎 1묶음

달걀 양념
마요네즈 1.5큰술, 생와사비 0.3큰술, 소금 1꼬집, 후추 조금

밥양념
식초 0.5큰술, 알룰로스 0.3큰술, 소금 1꼬집

만드는 법

1 깻잎은 꼭지를 제거하고 깨끗이 씻어 물기를 제거한다.

2 삶은 달걀에 마요네즈, 생와사비, 소금 1꼬집, 후추를 넣어 으깨면서 양념한다.

완숙 달걀이어야 질척임이 덜해요. 매운맛을 더 느끼고 싶다면 청양고추나 할라피뇨를 다져 섞어주세요!

3 밥에 식초, 알룰로스, 소금을 넣어 양념한다.

4 김에 밥을 넓게 깔고 밥의 중앙에 깻잎 1/2 - 달걀 와사비마요 - 깻잎 1/2로 덮어 김밥을 말아 완성한다.

쫄깃 향긋 보들의 3중 조합
풀드포크 사각 김밥

대용량
풀드포크
180p

⏱ **20분**

#귀욤귀욤
#사각김밥
#무스비가능

왠지 식단을 귀엽고 예쁘게 만들어 먹고 싶은 날 있지 않나요?
저는 그럴 때는 같은 김밥도 사각 모양으로 만들어 기분전환을 해요.
쫄깃한 풀드포크와 향긋한 깻잎, 그리고 개운하고 보드라운 스크램블의
3중 조합이 끝내준답니다.
사각 김밥이 귀찮으면 그냥 둥근 기본 김밥 모양으로 만들어도 괜찮아요.
라미 레시피의 장점은 손 가는 대로 맘 내키는 대로 있는 재료를
응용해서 먹는 재미가 있다는 것이니까요.

주재료
풀드포크 100g, 밥 130g, 김밥김 1장, 달걀 2알, 깻잎 1/2묶음(약 5장)

양념
식용유 0.5큰술

준비물
사각틀(깡통햄 틀)

만드는 법

1 채썬 깻잎을 풀드포크와 섞는다.

2 달군 팬에 기름을 두르고 달걀을 풀어 중불에서 스크램블에그를 만든다.

지단으로 부쳐 틀 크기에 맞게 잘라 넣어도 좋아요.

3 깡통햄 틀(사각틀)에 맞는 사이즈로 김을 자른다.

4 사각틀에 랩을 깔고 밥 - 풀드포크&깻잎 - 스크램블에그 - 밥 순으로 꾹 눌러 만든 후 랩을 빼서 김 위에 얹어 말아 완성한다.

통으로 들고 무스비처럼 먹어도 재밌어요!

곰손도 예쁘게 말 수 있어요
소시지 땡초 김밥

 20분

#매운김밥
#달큰한 양념
#취향따라조절

스스로를 곰손이라고 생각하는 분들도 쉽게 예쁜 모양을 낼 수 있는,
색다르지만 간단하고 맛있는 김밥을 소개할게요. 매콤한 땡초와 달큰한 양념밥,
그리고 단백질 가득한 닭가슴살 소시지까지 추가한 다이어트 도시락으로
딱인 메뉴랍니다.
매운맛 취향에 따라 땡초(청양고추)의 양은 줄이거나 늘려주세요.
저는 매운 걸 잘 못 먹지만, 김밥만큼은 다른 속재료가 매운맛을 중화시켜 줘서
'매운 김밥'은 즐겨먹어요.

158

주재료

밥 130g, 김밥김 1장, 닭가슴살 소시지 100g,
청양고추 2개, 당근 20g

양념

참기름 0.5큰술, 굴소스 0.3큰술, 알룰로스 0.3큰술,
참깨 0.3큰술, 후추 조금

만드는 법

1 청양고추, 당근은 잘게 다져 준비한다.

2 팬에 청양고추, 당근, 굴소스, 알룰로스, 후추, 참기름, 참깨를 넣고 양념이 섞이도록 중불에서 살짝 볶고 불을 끈다.

3 볶아진 양념에 밥을 고루 비빈다.
밥 간이 심심하다면 소금 1꼬집을 추가하세요.

4 김에 양념밥을 깔고 소시지를 넣은 뒤 말아 완성한다.

취향 따라 비건 메뉴 가능
후무스 김밥

 20분

#밥없는김밥
#건강브런치
#병아리콩

양배추 라페 184p
오리엔탈 드레싱 194p

밥 먹기 싫은 날에는 후무스 김밥을 만들어보세요. 저는 병아리콩을 으깬 후무스를 잔뜩 만들고, 한 번씩 싸먹는 김밥이에요. 부드러운 식감의 후무스와 채소의 아삭아삭한 식감의 대비가 재밌고, 닭가슴살까지 넣어 단백질도 알차게 챙길 수 있는 탄단지섬 4대 영양소, 완벽한 구성의 건강한 김밥이랍니다.
비건 식당의 후무스 김밥은 가격이 살짝 부담되는데, 간단하게 후무스를 만드는 법을 소개하니 이제는 집에서 그럴싸한 건강 브런치를 즐겨보세요. 슴슴 담백한 맛이 후무스 김밥의 매력이지만, 심심하다면 오리엔탈 드레싱(195쪽)을 만들어 찍먹하세요.

 보너스 레시피

대용량 후무스

재료 | 삶은 병아리콩 500g, 물 1/2컵, 올리브유 2큰술, 다진 마늘 1큰술, 소금 1큰술, 후추 조금

양만 늘려서 2번과 동일한 방법으로 만들며, 대용량 후무스는 1주일간 냉장보관 가능해요. 김밥 속재료 외에도 샐러드에 곁들이거나 샌드위치 속재료, 딥핑소스로 다양하게 활용해보세요.

주재료

김밥김 1장, 닭가슴살 100g, 양배추 라페 60g, 당근 40g, 상추 6장

후무스 재료

삶은 병아리콩 150g, 물 3큰술, 올리브유 0.5큰술, 다진 마늘 0.3큰술, 소금 0.3큰술, 후추 조금

만드는 법

1 닭가슴살과 당근은 채썰고, 상추는 꼭지를 제거한 뒤 깨끗이 씻어 물기를 제거한다.

2 삶은 병아리콩에 물, 올리브유, 다진 마늘, 소금, 후추를 넣고 갈아 후무스를 만든다.

병아리콩 삶는 법은 203쪽 참고

3 김에 후무스를 꾹꾹 눌러가며 넓게 깐다.

4 후무스 위에 상추, 닭가슴살, 양배추 라페, 당근을 가지런히 놓고 잘 만다.

닭가슴살 대신 달걀 2~3알 지단도 OK! 양배추 라페 대신 씻어서 물기를 제거한 묵은지 1~2장을 넣어 상큼하게 즐기세요.

비건 후무스 김밥

유명 비건 식당에서 샐러드와 함께 2만원 가까운 가격에 팔리는 비건 후무스 김밥. 라미표로 가성비 좋게 만들 수 있어요. 닭가슴살 대신 두부 100~150g을 긴 막대 형태로 잘라 키친타월로 물기를 제거한 뒤 식용유에 노릇하게 구워 사용하면 완벽한 채식 스타일 완성!

은은하고 담백한
진미채 당근 김밥

15분

#불조리없음
#진미채는가성비재료
#매콤버전가능

매콤한 진미채 김밥도 좋지만, 은은하고 담백한 라미표 진미채 김밥의 매력에 빠져주세요. 타우린과 단백질이 풍부한 오징어에 부족한 비타민A를 당근이 꽉 채워주는 찰떡 영양궁합이랍니다. 진미채는 여러 메뉴에 응용 가능해서 가성비가 좋은 식재료예요. 가공과정에서 설탕이나 염분이 추가되니, 조리 전 따뜻한 물에 조물조물 씻어주는 걸 잊지 마세요.

보너스 레시피

매콤 진미채
진미채 양념을 들기름 1큰술, 고추장 0.5큰술, 알룰로스 0.5큰술, 참깨 조금으로 변경하여 2번, 3번과 동일한 방법으로 매콤하게 무치면 훌륭한 밥반찬이 됩니다. 진미채 분량이 많아지면, 분량만큼 양념도 늘려주세요.

주재료
밥 100g, 김밥김 1장, 진미채 80g, 당근 40g, 상추 6장

양념
들기름 1큰술, 간장 1큰술, 알룰로스 0.3큰술, 참깨 조금

만드는 법

1 당근은 채썰고, 상추는 씻어 꼭지를 자르고 물기를 제거한다.

2 진미채는 따뜻한 물에 조물조물 씻어 물기를 꼭 짠다.

진미채에 첨가된 염분과 당을 제거하고, 진미채가 부드러워지는 효과도 있어요.

3 전자레인지 용기에 진미채, 들기름, 간장, 알룰로스, 참깨를 넣고 잘 버무려 1분간 돌린 후 열기를 식힌다.

4 김에 밥을 깔고 밥의 중앙에 상추 3장 - 양념 진미채 - 당근 - 상추 3장으로 덮어 잘 말아 완성한다.

마요네즈 1큰술, 다진 청양고추 1개를 섞어 소스로 얹어 먹으면 더 꿀맛이에요.

매콤 진미채 당근 김밥

간장 양념 진미채를 매콤 진미채로 변경하여 김밥을 말아주세요. 청양고추 1~2개도 함께 넣어 말아주면 굿!

양배추 라페
184p

 20분

#냉털
#도시락
#식이섬유폭탄

아삭 끝판왕!
양배추 라페 김밥

김밥 속재료로 찰떡인 라미표 양배추 라페는 주재료만 바꿔서 질리지 않게 무한 김밥 여행을 할 수 있습니다. 집에 있는 흔한 재료들로 단백질 가득하고 식이섬유도 빵빵한 김밥 조합이 가능해요. 냉장고 사정에 맞추어 냉털 메뉴로 강추합니다.

진미채, 게맛살과 치즈, 후무스(160쪽) 등이 양배추 라페와 잘 어울리는 김밥 조합이었어요.

주재료

양배추 라페 70g, 밥 100g, 김밥김 1장, 닭가슴살(완제품) 100g, 달걀 2알, 오이 40g

양념

올리브유 0.5큰술, 소금 1꼬집

만드는 법

1 오이는 씨를 제거하여 채썰고, 닭가슴살은 슬라이스한다.

오이 대신 다른 초록채소도 OK!

2 달걀을 풀어 소금간하고 팬에 기름을 두르고 달걀말이를 만든다.

3 김에 밥을 깔고 닭가슴살, 달걀, 오이, 양배추 라페를 얹은 뒤 만다.

김치말이 쌈밥 업그레이드 버전
다이어트 묵참 김밥

 20분

#김대신묵은지
#손님상
#도시락

많은 분들이 좋아해주셨던 라미 레시피 1탄의 묵은지를 이용한 '김치말이 쌈밥'을 업그레이드해서 묵참(묵은지 참치) 김밥으로 만들어봤어요. 참치의 담백한 맛과 묵은지의 톡쏘는 맛이 조화로운 묵참 김밥은 도시락 메뉴로도 손님상에도 집에서 혼밥할 때도 추천하는 메뉴예요.

만들기 쉬운데 비주얼은 훌륭해서 먹을 때도 기분이 참 좋은 라미표 묵참 김밥. 묵은지가 있다면 꼭 한번 만들어보세요. 청양고추를 통으로 넣어 매콤하게 즐겨도 좋아요.

 보너스 레시피 **묵은지 게맛살 김밥, 묵은지 닭가슴살 김밥**
게맛살, 닭가슴살(100~130g)을 찢어서 참치 대신 넣고 말아도 맛있어요.

주재료
묵은지 4~5잎, 밥 130g, 캔참치 130g

양념
참기름 0.3큰술, 참깨 조금, 마요네즈 1큰술

만드는 법

1 참치는 기름을 제거하고, 묵은지는 씻어 양념을 제거한 뒤 물기를 짠다.

2 밥에 참기름, 참깨를 넣어 고루 양념한다.

3 기름을 제거한 참치에 마요네즈를 넣어 버무린다.

4 묵은지를 넓게 깔고 중앙에 밥을 편 뒤 양념한 참치를 넣고 돌돌 말아 완성한다.

밥을 중앙 쪽에 깔고 참치도 중앙에 넣은 뒤 김치를 덮듯이 돌돌 말아주면 쉽고 예쁘게 말려요.

붓기가 고민이라면 해초류와 친하게 지내세요!
상큼 해초 김밥

⏱ **20분**

#건해초
#수용성식이섬유
#꿀피부

생물 해초류는 보관이 어렵고 다루기가 번거롭다고 생각해서 선뜻 사지 않는 분들이 많은 것 같아, 해초류도 김밥으로 맛있고 간편하게 즐길 수 있는 방법을 소개할게요.
1탄에서도 건해초(말린 해초)를 이용한 해초 비빔밥을 알려드렸는데, 건해초는 보관도 쉽고 다양하게 응용해 먹을 수 있답니다. 해초류에 많은 수용성 식이섬유소는 열량은 매우 낮으면서 포만감은 높고, 요오드도 풍부해 건강한 피부를 만들어줄 뿐 아니라 부종에도 효과적인 식재료예요. 특히 변비 고민이 있다면, 식단에 해초류를 추가해보세요.

주재료

밥 130g, 김밥김 1장, 달걀 2알, 건해초 7g, 당근 40g

양념

식용유 0.5큰술, 간장 1큰술, 식초 1큰술, 스테비아 0.5큰술, 참기름 0.5큰술, 연겨자 0.3큰술, 참깨 조금

만드는 법

1 당근은 채썰고, 건해초는 물에 담가 10분간 불린 뒤 물기를 제거한다.

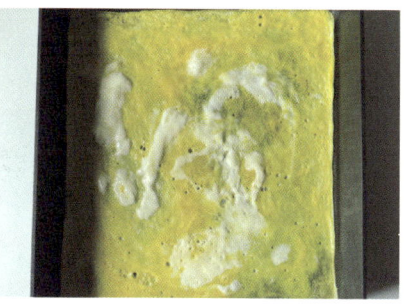

2 달군 팬에 기름을 두르고 달걀을 풀어 지단을 부친다.

3 당근, 해초, 간장, 식초, 스테비아, 참기름, 연겨자, 참깨를 넣어 양념한다.

해초의 물기를 잘 제거한 뒤 무치고, 김밥 위에 얹을 때도 최대한 물기를 없애야 김밥이 축축하지 않아요. 물기가 덜 생기게 하기 위해 스테비아(가루)를 사용해요.

4 김 위에 밥을 넓게 깔고 달걀지단을 올린 후 해초무침을 얹어 지단으로 잘 감싸며 만다.

달걀지단을 얇게 채썰어 넣어도 좋아요.

보너스 레시피

해초무침

3번 과정에서 겨자를 빼고 고춧가루 0.3큰술을 추가하면 밥반찬으로 먹을 수 있어요.

착한 식재료 콩나물, 팍팍 무쳐서
콩나물 김밥

 15분

#냉털
#도시락
#식이섬유폭탄

식재료비가 만만치 않다고 느껴진다면, 언제나 착한 가격의 식재료 '콩나물'을 한 봉지 사보세요.
아스파라긴산이 많아 피로회복에 탁월해, 운동과 다이어트로 지친 몸도 깨워주고 풍부한 식이섬유는
포만감과 장운동을 도와주죠.
가성비 재료 콩나물을 김밥에 넣어보세요. '왜 이제야 콩나물 김밥을 먹었지?' 할 만큼 아삭아삭 식감도 즐겁고,
콩나물밥을 한입에 먹는 기분이라 재미도 있답니다. 담백한 매력의 콩나물 김밥, 다이어트 가성비 메뉴로 강력
추천해요. 닭가슴살 대신 소시지나 돼지고기 안심, 소고기, 오리고기 등 다양한 단백질원으로 대체해도 OK!

주재료

콩나물 150g, 김밥김 1장, 밥 130g,
닭가슴살 100g, 청양고추 2개,
깻잎 1묶음

양념

소금 3꼬집, 참기름 0.3큰술

찍먹 양념장(선택사항)

간장 1큰술, 식초 0.5큰술, 물 0.5큰술,
참기름 0.3큰술, 고춧가루 조금, 참깨 조금

만드는 법

1 콩나물은 끓는 물에 넣고 강불에서 4분간 데친 뒤, 찬물에 헹궈 물기를 짜고 소금, 참기름으로 무친다.

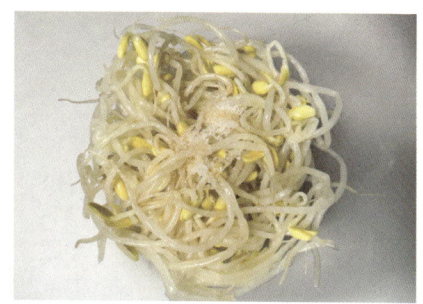

2 김에 밥을 넣고 얇게 깔아준 뒤 깻잎 1/2 - 콩나물 - 닭가슴살 - 청양고추 - 깻잎 1/2로 잘 덮어 김밥을 완성한다.

❶번에서도 콩나물 물기를 짜야 하지만, 김밥을 싸기 전에도 최대한 물기를 줄여서 김밥이 젖지 않도록 하세요.

보너스 레시피

콩나물무침

콩나물 150g을 데친 후, 소금 3꼬집, 다진 마늘 0.3큰술, 참기름 0.3큰술, 참깨를 조금 넣어 조물조물 무친다. 매운맛을 좋아하면 고춧가루 0.3큰술 추가.

단백질&식이섬유, 두 마리 토끼를 잡는
면두부 샐러드 김밥

 20분

#얇은면두부추천
#샐러드만먹어도OK
#바로먹으면더꿀맛

라미레시피 2탄,《라미의 믿고 먹는 다이어트 레시피》에서
가장 인기가 좋았던 메뉴를 꼽자면 면두부 땡초 김밥이 아닐까 싶어요.
저 역시 최애 메뉴라 정말 뿌듯했어요.
3탄에서는 채소의 아삭한 식감을 살린 샐러드로 김밥을 만드는 방법을
소개해요. 샐러드의 풍부한 식이섬유와 면두부의 풍부한 단백질이
포만감을 책임지는 든든한 식단이랍니다. 개인적으로 샐러드에는
얇은 면두부 식감이 더 잘 어울렸어요.

주재료

김밥김 1장, 밥 130g, 면두부 100g, 닭가슴살햄 40g, 양배추 20g, 오이 20g, 당근 20g, 깻잎 1묶음

양념

마요네즈 1.5큰술, 머스터드 0.5큰술, 소금 1꼬집, 후추 조금

만드는 법

1 깻잎은 꼭지를 자르고 깨끗이 씻어 물기를 제거하고 양배추, 오이, 당근, 햄은 채썬다.

채소류는 냉털 재료로 다양하게 변경 가능해요! 물기가 적은 채소류가 좋고, 특히 사과채 강추!

2 물기를 제거한 면두부, 채썬 양배추, 오이, 당근, 모든 양념을 섞어 샐러드를 만든다.

머스터드 대신 케첩도 OK! 식초 0.5큰술 추가하면 상큼한 맛이 더 올라가요.

3 김에 밥을 넓고 얇게 깔아준 뒤 깻잎 절반을 중앙에 깔고 면두부 샐러드를 소복하게 얹고 다시 남은 절반의 깻잎으로 덮어 말아 완성한다.

만든 후 냉장고에 들어가면 면두부와 밥이 뻣뻣해져요. 2시간 이내로 먹는 걸 권장해요.

 20분

#기분전환식단
#김치볶음밥

중독성 있는 빨간맛
김치 치즈 김밥

저는 매운 걸 잘 못 먹지만 중독성 있는 빨간맛의 신전 치즈 김밥을 정말 좋아했어요. 건강 버전으로도 즐기고 싶어, 닭가슴살로 단백질을 추가하고 순한맛 김치볶음밥으로 꿀맛 조합을 완성했답니다. 김치와 치즈가 만났으니 맛이 없을 수가 없죠.
신전 치즈 김밥만큼 강렬하게 매콤하고 자극적인 맛을 따라잡을 수는 없지만, 빨간맛 김밥을 보고 먹는 것만으로도 기분전환되고 힐링되는 식단이랍니다.

주재료

밥 130g, 김밥김 1장, 닭가슴살 100g, 김치 70g, 저지방 슬라이스치즈 1장

양념

참기름 0.5큰술, 고춧가루 0.3큰술, 알룰로스 0.3큰술

만드는 법

1 닭가슴살은 길쭉하게 채썰고, 치즈는 1/2로 자른다.

닭가슴살 대신 달걀(2~3알) 지단, 슬라이스치즈 대신 스트링치즈도 OK!

2 달군 팬에 김치를 가위로 쫑쫑 썰어 넣고, 참기름, 고춧가루, 알룰로스를 넣어 약불로 볶는다.

매운맛이 싫다면 김치를 한 번 씻어 물기를 꼭 짜낸 뒤 담백한 볶음밥 버전으로 만들어보세요.

3 볶은 김치에 밥을 넣어 잘 섞어 중약불에서 볶음밥을 만든다.

4 김에 볶음밥을 넓게 깔고 닭가슴살, 치즈를 넣고 말아 완성.

🍴 **보너스 레시피**   🥄 **다이어트 김치볶음밥**

닭가슴살을 잘게 다진 후 치즈를 제외한 나머지 재료와 함께 볶은 후 완성되면 치즈를 얹어 김치볶음밥으로 즐기세요.

6장

주말에 준비하고 일주일이 편해지는
대용량 요리&건강 소스

주말에 조금 수고로우면 일주일 식사 준비 시간이 줄어요.
대용량으로 만든 후 소분하여 다양한 레시피로 활용하는 노동 가성비 꿀팁을 담았어요.
시판 소스보다 더 건강하고 돈도 안 드는 라미표 건강 소스도 놓치지 마세요.

찌개, 비빔밥, 쌈장 다용도로 사용 가능!
대용량 다이어트 강된장

 30분

 냉장 1주

#양많아요
#쌈밥파티
#냉동보관OK

된장에 소고기나 두부, 버섯, 우렁 등 다양한 재료를 넣고 되직하게 끓인 강된장. 저는 양배추, 상추, 깻잎, 겨자잎, 해초까지 모든 쌈을 좋아해요. 쌈에 잘 어울리는 강된장은 제가 초등학교 때부터 잘 만든 요리 중 하나예요. 강된장을 잔뜩 만들어 각종 쌈에 제육볶음까지 한 상 차려 친구들을 집에 초대해 먹곤 했죠. 시판 강된장처럼 강렬하고 달달한 맛은 아니지만, 다이어터도 먹을 수 있는 담백 버전 대용량 강된장 레시피를 소개할게요. 이제 마음 놓고 푸짐한 쌈밥을 온가족과 함께 즐겨보세요.

 보너스 레시피

강된장 비빔밥
냉장고 속 사장되는 잎채소를 가득 넣어 강된장 1~2큰술과 함께 밥에 비벼드세요.

강된장 찌개
물 500ml에 강된장 3~4큰술에 호박, 양파, 소고기 등을 넣고 끓여주세요.

강된장 면두부 볶음면
별다른 추가 재료 없이 면두부(100g)에 강된장 3큰술을 넣고 볶아도 꿀맛!

주재료

두부 1/2모(150g), 느타리 1팩(200g), 양배추 300g, 양파 100g, 대파 1뿌리

양념

식용유 1큰술, 들기름 1큰술, 다진 마늘 2큰술, 된장 60g, 고춧가루 2큰술, 알룰로스 2큰술

만드는 법

1 느타리는 찢어 쫑쫑 썰어주고, 양배추, 양파, 대파는 잘게 다진다.

2 달군 깊은 팬에 중불에서 식용유와 들기름을 두르고 다진 마늘, 대파로 살짝 향을 낸 뒤 양배추, 양파를 볶는다.

3 양파가 불투명해지면 두부를 으깨어 넣고, 버섯을 넣어 중불에서 한 번 더 볶는다.

매콤한 맛을 좋아한다면 청양고추 2~3개를 다져 추가하세요.

4 된장, 고춧가루, 알룰로스를 넣어 간을 맞추고 고루 섞어 중약불에서 볶아 완성한다.

타지 않게 조심!

팁 **양이 정말 많아요!**

레시피에 소개된 분량대로 만들면 꽤 많은 양이 나와요. 1회 분량씩 소분하여 냉동보관했다가 해동해서 먹어도 괜찮았어요.(1달 안에 소진) 1~2인 가구라면 재료의 양을 절반으로 줄여서 만드세요.

수비드 기계 없이 전기밥솥으로 OK!
다이어트 대용량 풀드포크

 10인분

 전기밥솥 6시간
(찜모드 1시간)

#써브웨이그맛
#파티음식
#가성비

풀드포크 버거 88p

풀드포크 사각 김밥 156p

풀드포크는 대표적인 미국 남부식 바비큐 요리로, 손으로 쉽게 뜯어질 정도로 연해질 때까지 장시간 서서히 구운 돼지고기예요. 외식메뉴로 자주 접할 수 있는데, 아무래도 기름기가 있는 부위들로 만들어서 다이어터에게는 부담스럽죠.
하지만 이제 전기밥솥을 이용한 수비드 버전으로 홈메이드 풀드포크를 만들어보세요. 기름기가 적은 부위로 가성비와 고단백질 모두 잡았답니다.
근사한 파티음식, 초대음식, 홈스토로 다양한 메뉴가 가능하니, 여유로운 주말에 대용량으로 만들어 소분하여 냉동보관하세요.
10인분 분량이 너무 많으면, 모든 재료와 양념을 반으로 줄여서 만드세요.

보너스 레시피

촉촉버전 노슈가 스테이크 소스(3~4회 분량)

케첩 2큰술, 알룰로스 2큰술, 굴소스 2큰술, 스리라차 1큰술, 머스터드 0.5큰술, 물 1/2컵을 섞어서 사용하세요.

주재료

돼지 사태(또는 돼지 앞다리살) 1.2kg

고기 밑간 양념

알룰로스 4큰술, 다진 마늘 2큰술, 소금 1큰술, 후추 1큰술, 파프리카 가루 1큰술, 생강 0.5큰술

바비큐 소스

케첩 2큰술, 알룰로스 2큰술, 굴소스 2큰술, 스리라차 1큰술, 머스터드 0.5큰술, 물 1/2컵

만드는 법

1 4cm 두께로 저민 돼지고기에 밑간 양념을 고루 바른 뒤 지퍼백에 넣어 공기를 빼고 닫고, 이중으로 한 번 더 지퍼백에 담는다.

큐민 0.5큰술과 오레가노 0.5큰술 또는 건바질 0.5큰술 중 하나를 밑간 양념에 추가하면 이국적인 향을 더해줘요.

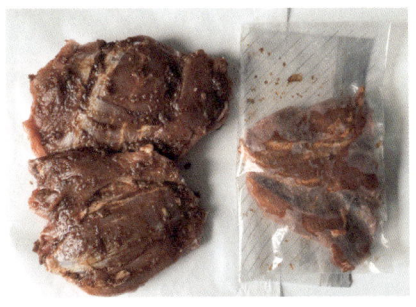

2 전기밥솥에 고기를 담은 지퍼백을 넣고, 찬물 500ml와 끓는 물 1L를 넣고 보온으로 6시간 익혀 수비드한다.(찜모드: 물 없이 지퍼백만 담아 1시간 쪄내 완성)

고기가 뜨지 않도록 무게감 있는 도자기 접시로 눌러둔 뒤 조리하면 더 좋아요.

3 완성된 고기는 식힌 뒤 결대로 잘게 찢고, 바비큐 소스를 부어 잘 섞어 완성한다.

시판용 노슈가 스테이크 소스(7~8큰술)를 이용해도 간편하고 좋아요.

팁 | 스모키한 향을 더하고 싶다면?

먹기 전 에어프라이어 180℃에서 6~8분가량 돌려 직화 느낌을 더해주세요. 단, 조금 퍽퍽해질 수 있답니다.

착한 가격에 함박 웃음
대용량 함박스테이크

 10인분

 30분

 냉동 2주

#홈파티
#가성비
#특식

저는 '특식'하면 왠지 함박스테이크가 떠올라요. 함박스테이크 위에 반숙 달걀프라이나 슬라이스치즈가 싸악 녹는 모습을 보면 행복해져서, 연말과 크리스마스 시즌에는 20인분 정도 만들어 가족이나 지인들과 홈파티를 즐겨요.
연말 시즌이 아니더라도 대용량으로 만들어 냉동보관하고, 햄버거나 함박스테이크 덮밥, 함박스테이크 파스타 등 다양하게 활용하세요.

보너스 레시피

꾸덕버전 노슈가 스테이크 소스

물 3큰술, 굴소스 1큰술, 케첩 1큰술, 알룰로스 1큰술, 후추 약간, 파슬리가루 조금 넣어서 전자레인지에 30초 돌리면 함박 스테이크에 어울리는 꾸덕한 수제 저당 스테이크 소스를 만들 수 있어요.

주재료

돼지 다짐육 1kg, 소 다짐육 1kg, 양파 300g, 생오트밀가루 5큰술

양념

다진 마늘 3큰술, 소금 1큰술, 파슬리가루 1큰술, 우스타소스 5큰술(또는 굴소스 2큰술), 후추 0.3큰술

만드는 법

1 양파를 잘게 다진다.

2 기름기 없이 달군 팬에 양파를 넣고 중불에 물기를 날려 살짝 노릇할 때까지 볶은 후, 불을 끄고 열기를 식혀둔다.

3 큰 볼에 돼지 다짐육, 소 다짐육, 볶은 양파, 오트밀가루, 우스타소스, 다진 마늘, 파슬리가루, 소금, 후추를 넣어 고루 섞이도록 반죽한다.

다짐육은 돼지는 안심 또는 앞다리, 뒷다리살을 많이 사용하고, 소는 앞다리나 사태 부위를 많이 사용해요.

4 반죽을 150~200g씩 나누어 치댄 후, 2~2.5cm 두께로 둥글게 모양을 잡는다.

식단을 꽉 조이는 다이어터라면 100~150g, 건강 식단을 하는 성인이라면 좀 더 푸짐하게 200~250g으로 만드세요.

겉바속촉 함박스테이크 굽는 팁(1개 기준)

달군 팬에 식용유 0.5큰술을 두르고 함박을 올려 중불에서 겉면이 노릇하도록 바싹 익혀준 뒤 뒤집어 반대면도 노릇하게 익혀줘요. 그 뒤 물 2큰술 정도를 넣고 뚜껑을 덮어 약불로 줄여 4~5분간 찌듯이 익혀내면 겉은 바삭하고 속은 촉촉한 함박스테이크가 완성됩니다. 개수가 늘어날수록 약불에서 익히는 시간을 조금씩(약 1분) 늘려주세요.

샌드위치&김밥 속재료로, 밥반찬으로도 좋은
양배추 라페

 20분

 냉장 2주

#착한가격
#당근도OK
#항산화

풀드포크 버거 88p

양배추 라페 김밥 164p

프랑스식 당근 샐러드인 당근 라페. 라페는 프랑스어로 '강판이나 채칼 등에 갈다, 채치다'라는 뜻이에요. 키토 김밥이나 바게트 샌드위치에 많이 사용하는데, 당근은 싫어해도 새콤달콤한 당근 라페는 호불호 없이 많이들 좋아하시죠? 당근보다 더 착한 식재료인 양배추로도 라페를 만들 수 있어요. 양배추에 항산화 작용을 도와주는 '안토시아닌'이 듬뿍 들어간 적채(적양배추)를 추가하여 더 건강하게 만든 라페랍니다. 한 번 만들어두면 김치나 장아찌, 피클처럼 반찬이나 사이드로 곁들여도 좋고, 샌드위치나 김밥의 속재료로 활용할 수 있어 실속 있는 메뉴예요.

 **보너스 레시피**   **당근 라페**

양배추와 같은 양(1.25kg)의 당근을 가늘게 채썰어서, 같은 양념과 같은 방식으로 만들어보세요.

주재료

양배추 1/4통(1kg), 적양배추 1/4통(250g)

양념

소금 0.5큰술, 아보카도 오일 1큰술, 홀그레인 머스터드 2큰술, 스테비아 1큰술, 레몬즙 3큰술

만드는 법

1 양배추와 적양배추는 깨끗이 씻어 얇게 슬라이스한다.

색감과 영양을 생각해 적양배추를 추가했지만, 양배추만 또는 적양배추로만 만들어도 좋아요. 단, 적채는 조금 쓴 맛이 있으니 참고하세요.

2 양배추와 적양배추에 소금을 넣고 버무려 10분간 절인 뒤, 나온 물기를 제거한다.

3 물기를 제거한 양배추와 적양배추에 오일, 홀그레인 머스터드, 스테비아, 레몬즙을 넣고 잘 버무려 완성한다.

드라이 카레
마늘빵
112p

드라이 카레
그라탕
114p

 6~8회분

 20분

 냉장 2주
냉동 1달

#물기없는카레
#가심비
#다양한요리활용

물기 없는 카레라 밥, 빵, 면과 다 잘 어울려요
대용량 드라이 카레

드라이 카레는 키마 카레라고도 하는데, '키마'는 인도어로 다진 고기라는 뜻이래요. 이름처럼 다진 고기와 양파, 카레를 수분 없이 볶아 만드는데, 밥, 빵, 면 어떤 재료와도 잘 어울려요. 고기와 양파가 듬뿍 들어가 단백질과 식이섬유를 쉽게 섭취할 수 있고, 밥에 비벼 먹는 일반 카레보다 활용도가 높아 다양한 요리를 만들 수 있어요. 저는 한 번 만들 때 대용량으로 만들어, 가까운 지인들과 나누거나 1회 분량으로 소분해 냉동보관해요.
한 끼에 80~100g씩 먹으면 6~8회 먹을 수 있는 양이에요.
물기 없는 카레가 생소할 수 있지만, 일반 카레보다 적은 재료로 꽤 특별한 맛을 내주는, 가심비 높은 드라이 카레 꼭 만들어보세요.

주재료

돼지 다짐육 400g, 양파 2개(600g), 고형카레 100g (또는 카레가루 80g)

양념

식용유 1큰술, 다진 마늘 2큰술, 소금 2꼬집, 후추 조금

만드는 법

1 양파는 잘게 다진다.

2 중강불에서 기름을 두른 팬에 양파를 노릇해질 때까지 볶는다.

3 중불에서 돼지고기, 다진 마늘, 소금, 후추를 넣어 볶아 고기를 익힌다.

토마토(껍질 제거), 당근, 피망을 추가해도 좋아요.

4 약불로 줄인 뒤 카레를 넣어 타지 않게 고루 섞어가며 완성한다.

고형카레는 회사마다 1팩의 양이 달라서 100~120g 정도로 맞춰주세요.

단팥빵, 단팥라떼, 단팥죽으로 무한변신
저당 단팥

 50분
(불리는 시간 제외)

 냉장 2주
냉동 2달

#냉동보관
#내손내만
#슬로푸드

오트밀
단팥죽
91p

앙버터
샌드위치
102p

단팥빵, 단팥죽, 팥빙수, 붕어빵… 단팥이 들어가는 맛난 음식이 이렇게 많은데,
시판 단팥은 다이어트를 하지 않더라도 칼로리를 확인하고 멈칫할 때가 있죠.
팥이 의외로 까다로운 식재료라 불리는 시간과 삶는 시간은 좀 걸리지만,
설탕 없이 대체당으로 건강한 홈메이드 단팥을 만들어보세요.
한 번 만들면, 응용할 수 있는 메뉴가 정말 많답니다. 빵에 샌드하면 단팥빵,
따듯한 우유에 넣으면 단팥라떼, 요거트에 토핑으로 추가하면 단팥 요거트 등
무한 변신 가능!
내 손으로 내가 만들어 믿을 수 있는 홈메이드 저당 단팥 어떠세요?

 보너스 레시피 **저당 단팥라떼**
따뜻한 우유 또는 두유 200ml에 단팥 1큰술을 넣으면 은은하고 좋아요. 단팥은 취향껏 가감하세요.

주재료
팥 2컵(약 260g), 물 8컵(불리고, 초벌 끓이는 물 제외)

양념
스테비아 1컵, 알룰로스 4큰술, 소금 1큰술

만드는 법

1 팥은 깨끗하게 씻어 6시간 이상 물에 불린다.

2 불린 팥을 2번 정도 물에 헹군 뒤 깊은 냄비에 담고 소금 0.5큰술과 팥이 잠길 정도의 물을 부어 강불로 끓인다. 끓어오르면 물을 버리고 다시 한 번 물에 헹군다.

3 팥에 물 8컵을 넣고 중불에서 30~40분 정도 타지 않도록 저어가며, 팥이 으깨질 정도까지 익힌다.

팥이 익은 후 약불로 줄이거나 불을 끄고 원하는 농도로 팥을 으깨주세요. 좀 더 크리미한 단팥을 원한다면 단팥이 익었을 때, 믹서로 한 번 갈아주세요.

4 팥을 원하는 농도로 으깬 후, 중강불에서 스테비아, 알룰로스, 소금 0.5큰술을 넣어 타지 않도록 잘 섞일 때까지 저으며 끓인다.

팥이 충분히 익었는데도 물기가 많으면 따라 버려주세요.

단맛이 강한 스테비아, 스테비아의 양은 취향에 따라 절반만 넣어도 돼요.

중남미에 서식하는 식물에서 채취하는 스테비아는 칼로리가 없고, GI지수도 0이지만(일반 설탕의 GI지수는 100) 단맛은 설탕의 200~300배예요. 단맛에는 개인의 취향 차이가 존재하잖아요. 스테비아가 들어가는 레시피라면 단맛에 대한 본인의 호불호를 감안하여 양을 조절하세요.

입은 물론 기분까지 상쾌해지는 컬러 푸드
다이어트 토마토 마리네이드

냉파스타
42p

토마토
오픈 토스트
52P

 30분

 냉장 2주

#저장메뉴
#알록달록
#피클대신OK

대용량 저장 메뉴는 요리에 들어가는 시간은 줄이면서 다양한 레시피로 활용할 수 있어 '먹는 즐거움'까지 준답니다.
토마토 마리네이드 역시 샐러드 토핑, 냉파스타 토핑, 피클 대신 곁들이는 메뉴 등으로 활용할 수 있어요.
신선한 토마토의 매력을 가득 느낄 수 있는 토마토 마리네이드,
특히 알록달록 컬러 방울토마토로 만들면 보기도 좋아서 기분까지 좋아져요.

주재료

방울토마토 1팩(500g), 양파 1/4개(50g)

양념

올리브오일 3큰술, 레몬즙 1큰술, 알룰로스 1큰술, 소금 3꼬집, 후추 조금, 파슬리가루 조금

만드는 법

1 토마토는 깨끗이 씻어 꼭지를 제거하고 꼭지 부분에 십자(+)로 칼집을 내주고, 양파는 잘게 다진다.

2 끓는 물에 토마토를 약 1분 30초 데친 뒤 찬물(얼음물)에 바로 식힌다.

3 토마토 껍질을 제거한다.

4 보관통에 토마토, 양파를 켜켜이 담고 모든 양념을 넣어 고루 섞으면 완성.

바로 먹어도 좋지만, 최소 30분에서 하루 정도 숙성 후 먹으면 맛이 더 좋아요.

냉장고 속 시들어가는 채소의 화려한 변신
다이어트 화이트 라구

 6회 분량

 30분

 냉장 1주

#육덕꾸덕
#버섯은꼭넣어주세요

화이트 라구 피자
106p

로제 라구 샌드위치
108p

우리가 흔히 알고 있는 라구는 볼로냐식, 나폴리식의 토마토 소스를 베이스로 한 육고기가 가득한 소스죠. 저는 토마토 소스보다는 크림 소스의 육덕지고 꾸덕한 맛을 더 좋아해서 화이트 버전으로 소개해요.
원래 화이트 라구는 화이트 와인을 가득 부어 오랜 시간 조려내는데, 과실주인 화이트 와인에는 당이 너무 많아 크림 소스를 이용해 화이트 라구를 만들었답니다. 라구 소스는 냉장고 속 시들어가는 채소를 모두 다져 넣어 고급지게 변신시킬 수 있고, 어떤 채소와도 어울리지만 버섯류를 추천해요. 대용량으로 만들어서 밥이나 오트밀과 섞어서 리소토로, 파스타를 삶아 파스타 소스로 다양하게 즐겨보세요.

 보너스 레시피

토마토 라구
양념에서 우유, 치즈를 빼고 대신 토마토 소스 1.5컵을 넣으면 토마토 소스 라구로 만들 수 있어요.

주재료

다진 소고기 200g, 다진 돼지고기 200g, 양파 300g, 당근 100g, 샐러리 40g, 슬라이스치즈 1장, 저지방우유 200ml

양념

식용유 1큰술, 다진 마늘 2큰술, 소금 0.3큰술, 후추 조금, 파슬리가루 조금, 굴소스 1큰술

만드는 법

1 양파, 당근, 샐러리는 잘게 다진다.
샐러리를 넣으면 고급진 양식 맛이 나요. 샐러리가 없다면 같은 양의 대파도 OK.

2 달군 팬에 기름을 두르고 중불 이상에서 양파, 당근, 샐러리를 양파가 투명해질 때까지 볶아 익힌다.

3 고기, 다진 마늘, 소금, 후추, 파슬리가루를 넣고 중불 이상에서 고기가 익을 때까지 볶는다.
간이 조금 부족하다면 소금, 후추를 취향껏 더해주세요.

4 우유, 굴소스를 넣어 간하고 중약불에서 충분히 조린 뒤 치즈를 넣어 녹인 후 완성.
소스 농도는 조금 되직해야 좋아요.

저염저당
데리야끼 소스

 15분

냉장 1달

가지구이
덮밥
80p

순두부
양파 덮밥
136p

치킨 데리야끼
오차즈케
144p

시판용 다이어트(건강) 소스가 성분은 착할지 몰라도 가격은 착하지 않아 장바구니에 담을까 말까 망설이게 되잖아요.

저는 꼭 필요한 소스나 양념 말고는 만들어 사용하는데, 그중에서 활용도가 높은 데리야끼 소스를 소개해요. 간장 베이스인 단짠의 맛과 은은한 생강향이 어떤 식재료와도 궁합이 좋아요. 볶음류, 무침류, 구이에 맛간장처럼 활용하면 음식 맛이 확 올라갑니다. 설탕이 들어가지 않아, 시판용 걸쭉한 데리야끼 소스보다 훨씬 묽어요. 일손을 확 덜어줄 저염저당 데리야끼 소스로 간편한 다이어트 식단을 만들어보세요.

모든 재료를 넣고 강불에서 끓이다가, 끓어오르면 중불로 변경하여 10분간 끓여 완성한다. 식힌 후 냉장보관.

다진 생강 대신 생강(약 20g)을 편 썰어 넣으면 더 향이 좋아요.

재료 ▶ 간장 2컵, 물 2컵, 스테비아 1/2컵, 올리고당 2큰술, 맛술 0.5큰술(또는 청주나 소주 1큰술), 다진 생강 1큰술

꿀맛 보장! 후다닥 3분 드레싱 ①
노슈가 오리엔탈 드레싱

 3분

집에 있는 양념으로 내 손으로 직접 만들어 신선하고, 꿀맛 보장하는 노슈가 드레싱 3종을 소개해요.
비싼 시판 드레싱 말고 방금 만든 드레싱으로 매일 다른 샐러드를 즐겨보세요.
첫 번째로 소개하는 기본 중의 기본, 오리엔탈 드레싱. 제가 가장 자주 먹는 드레싱이에요.
무지방으로 먹고 싶다면 참기름은 빼도 괜찮습니다.

재료 ▸ 간장 3큰술, 물 1큰술, 식초 1큰술, 알룰로스 1큰술, 다진 마늘 0.5큰술, 참깨 0.3큰술, 참기름 0.3큰술

꿀맛 보장! 후다닥 3분 드레싱 ②
노슈가 흑임자 드레싱

 3분

한정식집에서 자주 볼 수 있는 꼬소한 매력의 흑임자 드레싱. 시판용은 은근 가격이 높아서 장바구니에 담기가 쉽지 않아요.
하지만 흑임자가루만 있다면 집에서 쉽게 만들 수 있어요. 흑임자가루는 흑임자죽, 고구마 인절미볼, 흑임자 그릭샌드에 넣거나, 요거트에 섞어 먹어도 정말 맛있어, 활용도가 높은 식재료랍니다.

재료 ▸ 마요네즈 3큰술, 식초 1큰술, 물 1큰술, 알룰로스 1큰술, 흑임자 1큰술

꿀맛 보장! 후다닥 3분 드레싱 ③
옐로우 시저 드레싱

 3분

콘치즈전 96p

오트밀 크레페랩 122p

게맛살 롤초밥 148p

다이어트 중이 아닐 때 제 최애 드레싱은 바로 시저 드레싱입니다. 맛있는 건 늘 그렇듯, 시저 드레싱은 드레싱 중 칼로리가 높은 편에 속해요.
하지만 노슈가로 만든 라미표 옐로우 시저 드레싱이 있으면 OK! 샐러드 드레싱뿐 아니라 샌드위치 소스로도 잘 어울리니 다양하게 활용해주세요. 피시소스는 생략해도 충분히 맛있어요.

재료 ▶ 마요네즈 3큰술, 알룰로스 1큰술, 피시소스 0.5큰술(또는 액젓 0.3큰술), 머스터드 0.3큰술, 레몬즙 0.3큰술, 다진 마늘 0.3큰술, 통후추(갈아서) 조금

7장

온가족 함께 먹는 저염 밥반찬&밑반찬

건강 홈메이드 반찬만 있다면
다이어트 중에도 집밥, 백반을 즐길 수 있어요.
온 가족이 함께 먹을 수 있는 저염 반찬들로 다 같이 건강식단하세요.

반찬은 기본! 김밥, 주먹밥, 볶음밥에도 활용하세요!
노슈가 멸치볶음

 15분

 냉장 2주

#밑반찬
#바삭식감

마른반찬 하면 가장 먼저 떠오르는 멸치볶음. 흔한 국민반찬이지만 눅눅하지 않으면서 딱 맞는 간을 찾기가 생각보다 어려워요. 설탕이나 물엿 없이 낮은 당으로 만들어 온 가족이 함께 먹을 수 있는, 바삭한 식감의 멸치볶음 레시피를 소개합니다. 레시피 재료 분량으로 500㎖ 한 통이 나오는데, 저는 한 번 만들어두고 김밥이나 주먹밥, 볶음밥에 넣어요.
견과류는 어떤 종류든 좋고, 소개한 양보다 줄여도 괜찮아요. 견과류 알러지가 있다면 견과류 대신 청양고추나 꽈리고추, 마늘 슬라이스를 넣어보세요.

 보너스 레시피 | **멸치볶음 주먹밥**

밥 130g, 멸치볶음 30g, 김가루 5g, 소금 1꼬집, 참기름 0.3큰술, 참깨 약간을 고르게 잘 섞어 먹기 좋은 크기로 뭉쳐준다.

주재료

잔멸치 150g, 견과류 50g

양념

식용유 1큰술, 간장 1큰술, 알룰로스 2큰술, 스테비아 0.5큰술, 다진 마늘 0.3큰술, 참기름 0.5큰술, 참깨 조금

만드는 법

1 달군 팬에 기름 없이 멸치를 중불에서 5분 정도 노릇하게 볶아 비린내를 제거한다.

과자 같은 식감의 딱딱한 멸치볶음이 싫다면 비린내를 날릴 만큼만 살짝(2~3분) 볶아주세요.

2 볶은 멸치는 채에 걸러 탄 멸치가루를 거른다.

탄 멸치가루 때문에 텁텁하고 쓴맛이 날 수 있어요. 팬에 남은 가루도 꼭 제거해주세요.

3 멸치가루를 닦아 낸 달군 팬에 약불에서 식용유, 간장, 스테비아, 알룰로스, 다진 마늘을 넣고 섞는다.

스테비아 대신 알룰로스 3큰술 또는 올리고당 1큰술도 OK!

4 다진 마늘이 익으면 불을 끄고 볶아둔 멸치, 견과류, 참기름, 참깨를 넣고 잘 섞어 완성한다.

그냥 콩자반보다 더 부드러워요!
단짠 병아리콩 자반

 10분

 냉장 1주

#아가들취향저격
#처치곤란병아리콩
#밥반찬으로

다른 콩류보다 단백질과 식이섬유가 풍부하고, 혈중 콜레스테롤 개선에도 효과적인 병아리콩. 그런데 사서 오래 묵혀두고 자리만 차지하는 일이 많죠. 묵혀둔 병아리콩이 있다면 다이어트를 하지 않는 가족도 함께 반찬으로 먹을 수 있는 콩자반을 만들어보세요. 일반 콩자반보다 부드러워 아가들에게도 어른들에게도 취향저격.
단, 콩은 탄수화물 함량이 높은 편이니 한 번에 너무 많이 먹지 마세요. 그리고 병아리콩에 있는 퓨린이라는 성분이 통풍, 신장결석, 담석증 환자에게는 좋지 않으니 참고하세요.

 보너스 레시피 **콩자반**

삶은 서리태 2컵(250g)과 견과류 30g, 양념을 병아리콩 자반과 동일하게 넣고 조려준다.
서리태는 4시간 이상 불린 뒤 10분 정도 삶아 다 익으면 꺼내 사용한다.

주재료
삶은 병아리콩 2컵(250g), 견과류 30g

양념
물 1/2컵(90ml), 간장 3큰술, 스테비아 0.5큰술,
알룰로스 1큰술, 참깨 1큰술

만드는 법

1 병아리콩, 물, 간장, 스테비아를 넣고 중불에서 3~4분간 조린 후 약불로 줄인다.

2 견과류, 알룰로스를 넣어 고루 섞은 뒤 불을 끈다.
매콤하게 먹으려면 청양고추 1~2개를 썰어 넣고 조리하세요.

3 참깨를 뿌려 잘 섞으면 완성.

팁 | 병아리콩 식감 좋게 삶는 법

병아리콩은 물에 4시간 이상 불리세요. 불린 물은 버리고 병아리콩이 잠기도록 깨끗한 물을 받아 물이 끓으면 불린 병아리콩을 넣고 중불에서 30분 정도 끓이면 알맞게 익어요. 끓이면서 생기는 거품은 바로바로 제거하세요.

집밥 도둑
양념 생깻잎지

 10분

 냉장 2~3주

#저염저당
#여성에게
더욱추천

다이어트 중인 여성들에게 특히 깻잎을 추천해요. 철분, 칼륨, 칼슘, 비타민 A, C, K에 식이섬유까지 풍부해서 빈혈, 피부미용, 혈액순환, 피로회복 등에 다양한 개선 효과가 있어요. 단, 칼륨이 많으니 신장질환자라면 다량 섭취를 제한해주세요.

깻잎은 향이 너무 좋아서 쌈이나 샐러드 등 다양한 음식에 토핑으로 즐겨 먹잖아요. 그런데 효능까지 좋으니 더더욱 챙겨 먹어야겠죠?

당과 염분을 줄이고도 군침 싸악 도는 라미표 양념 깻잎지 만들어보실래요?

 보너스 레시피 **양념 깻잎찜**
모든 과정을 동일하게 진행한 뒤 전자레인지 용기에 넣고 2~3분간 돌려 쪄내면, 생깻잎지와는 또다른 부드러운 감칠맛의 깻잎찜 완성!

주재료

깻잎 3묶음(약 30장), 양파 90g, 당근 40g, 대파 1대(60g) 또는 쪽파 20g, 청양고추 2개

양념

간장 9큰술, 물 3큰술, 고춧가루 2큰술, 알룰로스 1.5큰술 (또는 스테비아 1큰술), 참깨 1큰술, 다진 마늘 0.5큰술, 들기름 0.5큰술

만드는 법

1 깻잎은 깨끗이 씻어 물기를 제거한다.

2 양파, 당근, 대파, 청양고추는 잘게 다진다.

3 잘게 다진 양파, 당근, 대파, 청양고추에 모든 양념을 넣어 잘 섞는다.

기름향이 싫다면 들기름은 생략해도 괜찮아요.

4 깻잎에 켜켜이 양념을 얹어 완성한다.(깻잎 - 양념 - 깻잎 - 양념)

 액젓 추가하면 감칠맛이 올라가요!

간장 9큰술 대신 간장 8큰술+액젓 1큰술 비율로 만들면 더욱 감칠맛 있는 집반찬이 됩니다.

참치 불고기
오픈 샌드위치
54p

참치 불고기
실곤약볶음면
110p

 3~4회분

 25분

 냉장 3일

#가성비
#단백질빵빵

면, 밥, 빵과 모두 궁합이 좋은 만능 메뉴
참치 불고기

참치캔으로 참치 김치찌개, 참치 김밥만 만들지 말고, 참치 불고기도 만들어보세요.
철분이 많은 참치는 빈혈 개선을 도와주고, 기름만 제거해서 먹는다면 열량 대비 고단백 식품이라 다이어트 식단에 적합하죠. 특히 참치 불고기는 만들어두면 면, 밥, 빵을 활용하여 다양한 식단이 가능한 착한 메뉴랍니다. 달큰한 불고기 소스와 만난 참치가 궁금하다면 지금 바로 캔 따러 출발!

주재료

참치(135g) 2캔, 양배추 100g, 양파 80g, 당근 40g, 대파 1뿌리

양념

간장 3큰술, 알룰로스 2큰술, 다진 마늘 0.5큰술, 후추 조금, 맛술 1큰술

만드는 법

1. 양배추, 양파, 당근은 길이 4cm 정도로 채썰고 대파는 어슷썬다.

2. 맛술을 뺀 모든 양념을 섞는다.
   매콤하게 먹으려면 고춧가루 2큰술, 물 1큰술 추가!

3. 달군 팬에 참치와 맛술을 넣어 강불에서 노릇하게 볶는다.
   참치 기름이 부담스럽다면, 체에 참치를 넣고 뜨거운 물을 부은 뒤 물기를 제거하고 사용하세요.

4. 중불로 줄여 썰어둔 채소와 섞어둔 양념을 넣고 양파가 반투명해질 때까지 볶아 완성한다.

어육 함량 90% 이상!
고단백 구운 수제어묵

 2회 분량

 20분

#안튀겼어요
#그래서더담백
해요

어묵은 흰살생선을 밀가루, 채소와 섞어 반죽해 튀기거나 구운 음식이에요.
모든 재료를 갈았기 때문에 정말 좋은 재료를 썼는지 의심스럽고,
가격대가 저렴한 어묵은 어육 함량이 낮고 밀가루 함량이 높죠.
어묵은 생각보다 간단하게 만들 수 있어요. 어육 함량 90% 이상의 튀기지
않고 구워서 더 담백한 수제어묵을 여유로운 주말에 만들어 반찬으로,
식단의 단백질원으로 곁들여보세요.
저는 흔하게 구할 수 있는 동태포를 이용했지만, 코스트코에서 파는
냉동 틸라피아(역돔)나 대구살 등 흰살생선으로 만들어도 되고,
생선살에 새우 또는 오징어를 살짝 섞어도 괜찮아요.

 보너스 레시피 **새우 수제어묵, 오징어 수제어묵**
생선살 70%에 새우 30% 또는 오징어 30%의 비율로 조정하면, 새우 수제어묵과 오징어 수제어묵으로 즐길 수 있어요.

주재료

동태포 200g, 전분가루 1.5큰술, 달걀흰자 1개, 대파 30g, 당근 20g, 청양고추 1개

양념

소금 1/4큰술, 후추 조금, 식용유 1.5큰술

만드는 법

1 대파, 당근, 청양고추는 잘게 다진다.

같은 양념으로 채소 없이 생선살로만 만들어도 좋아요.

2 달군 팬에 중약불에서 기름 없이 다진 채소들을 살짝 볶아 수분을 날려 숨을 죽인다.

3 믹서에 동태포, 달걀흰자, 전분, 소금, 후추를 넣고 갈아준 뒤 볶은 채소를 넣고 섞어 어묵반죽을 만든다.

생선 비린내가 걱정이라면, 소금을 절반으로 줄이고 카레가루 0.3큰술을 넣어 카레향을 추가!

4 종이호일 위에 기름으로 코팅한 뒤 어묵 모양을 잡고 반죽 위에 기름을 고루 발라 에어프라이어 170℃에서 15분 구워 완성한다.

어묵 반죽의 두께는 1~1.5cm 내외로 해야 고루 잘 익어요.

 30분

 1주일

#떡볶이양념
#밥반찬
#색다른장조림

빨갛고 얼큰한 그 아는 맛!
달걀 고추장조림

이제 간장 달걀 장조림이 아닌 고추장 양념의 색다른 장조림도 즐겨보세요. 영양사 시절 자주 반찬으로 나간 메뉴인데, 빨갛고 얼큰한 맛으로 인기가 좋았어요.

떡볶이 양념을 달걀에 묻힌 무서운 '아는 맛'인데, 누슈가로 자극적이지 않으면서 '아는 맛'을 황금비율로 제대로 만들었답니다. 달걀 고추장조림 3~4알을 밥에 얹어 비벼서 꼭 드셔보세요.

주재료
달걀 10알, 청양고추 5개

양념
소금 0.3큰술, 식초 1큰술, 물 1컵, 고추장 2큰술, 간장 2큰술, 다진 마늘 1큰술, 고춧가루 1큰술, 알룰로스 1.5큰술, 들기름 0.5큰술, 참깨 조금

만드는 법

1 청양고추는 쫑쫑 썬다.

2 찬물에 달걀을 넣고 소금, 식초를 넣어 강불에서 끓이다 기포가 생기면 숟가락을 이용해 한 방향으로 30초 휘저은 뒤 물이 끓으면 6분간 (완숙은 8~9분) 삶는다.

삶은 달걀은 바로 찬물에 담가 식혀야 껍질 제거하기가 좋아요.

3 냄비에 물, 고추장, 간장, 고춧가루, 알룰로스, 다진 마늘을 넣고 중불에서 끓인 후, 삶은 달걀과 청양고추를 넣어 조린다.

매운맛을 약하게 하고 싶다면, 청양고추를 빼거나 꽈리고추 50g 또는 대파 1뿌리로 변경.

4 중불에서 들기름과 참깨를 넣고 휘리릭 섞어 완성.

비빔면, 비빔밥에 활용해도 좋아요!
진미채 초무침

20분

#불조리없음
#바로먹어야제맛
#푸짐푸짐

진미채와 채소를 가득 넣어 매콤새콤하게 무쳐낸 진미채 초무침은 밥반찬 외에도 비빔면, 비빔밥 등 다방면으로 활용할 수 있는 효자 메뉴랍니다. 회덮밥이나 회국수가 땡기는 날, 회 대신 착한 가격의 진미채 초무침으로 충분히 아는 맛을 구현할 수 있어요. 푸짐한 식단이라 양껏 먹고 싶은 날, 추천해요. 오래 두면 맛이 없으니 만들어서 바로 드세요!

 보너스 레시피 **진미채 초무침 비빔밥**

밥(100~150g)에 반숙 달걀프라이 하나만 추가하여, 초무침을 얹어 비벼드세요.

주재료

진미채 100g, 당근 60g, 양파 20g, 오이 40g

양념

고추장 1큰술, 스리라차 1큰술, 간장 0.5큰술, 식초 1큰술, 알룰로스 1큰술, 다진 마늘 0.5큰술, 참기름 0.3큰술, 참깨 조금

만드는 법

1 당근, 양파는 채썰고 오이는 반달로 길게 슬라이스한다.

양배추, 미나리로 변경해도 좋아요. 총 채소의 양을 100g 정도로만 맞추면 양념 간이 맞아요.

2 진미채는 따뜻한 물에 조물조물 씻어 물기를 꼭 짜주고 가위로 먹기 좋게 자른다.

3 볼에 진미채와 모든 양념을 넣어 조물조물 무쳐 양념이 배도록 한다.

더 매콤하게 먹으려면 고춧가루 0.5큰술 추가!

4 당근, 양파, 오이를 모두 넣고 한 번 더 무쳐 완성한다.

진미채 초무침 비빔면

실곤약면(150~200g)에 초무침을 얹어 건강 비빔면을 만들어보세요..

버섯도 장아찌가 되나요?
단짠 버섯 장아찌

 15분

 냉장 2주

#고기랑꿀조합
#쫄깃식감
#착한가격

최근 채소값이 진짜 많이 올라 반찬 만들기가 부담스러워요. 다행히 버섯류는 크게 오르지 않아, 흔하게 구할 수 있는 새송이버섯으로 식감도 좋고 맛도 좋은 곁들임 찬을 만들어볼까 해요.
'버섯을 장아찌로?'라며 생소해할 수 있지만 생각보다 쫄깃한 식감이 매력적이고, 단짠 새콤한 양념이 입안을 개운하게 해준답니다. 새송이버섯 외의 채소는 냉장고 사정에 맞춰 변경해도 좋아요.
돼지 안심, 뒷다리, 앞다리 등의 부위를 구워 곁들여 먹어도 꿀조합이에요.

 보너스 레시피 **다이어트 맛간장**

건더기를 모두 건져 먹은 뒤 남은 간장은 한 번 더 끓여 거품(불순물)을 제거한 뒤 식혀 담아두고 맛간장으로 활용하세요. 버섯과 채소의 감칠맛이 우러나와 정말 맛있어요.

주재료
새송이버섯 1봉(약 400g), 양파 130g, 파프리카 200g, 청양고추 2개

양념
물 1.5컵, 간장 1컵, 식초 1/2컵, 스테비아 1/2컵

만드는 법

1 새송이버섯은 세로로 길게 자른 뒤 1cm 두께로 반달 썰고, 양파, 파프리카는 한입 크기로 깍둑썰고, 청양고추는 슬라이스한다.

2 모든 양념을 넣어 한소끔 끓인다.
양념 간을 보고 원하는 맛을 가감하세요. 새콤한 맛은 식초, 단맛은 스테비아, 짠맛은 물과 간장으로!

3 끓어오른 양념에 버섯을 넣어 중불에서 살짝 데쳐 익힌 뒤 불을 끈다.(약 1분 30초~2분)

4 나머지 채소들을 넣고 섞은 뒤 보관용기에 옮겨 담고 1~2일 냉장숙성하면 완성.

비타민A, B, C, U를 한 번에 챙겨요
양배추 물김치

 50분

 냉장 2주
(실온 1일 숙성 후)

#영양밸런스
#아삭달큰

가격 폭등이 잦은 배추 대신 4계절 내내 큰 폭 없이 가격이 유지되는 양배추로 물김치 담는 법을 알려드릴게요. 양배추 물김치는 아삭한 식감과 달큰함이 매력적이죠.
양배추는 식이섬유와 비타민A, B, C, U까지 다양한 비타민군을 한 번에 섭취할 수 있어 더없이 건강한 식재료 중 하나인데, 양배추 물김치를 식단에 곁들이는 것만으로도 한 끼의 영양 밸런스를 잡을 수 있답니다. 취향에 따라 오이, 당근, 무, 사과, 배 등을 얇게 썰어 추가하세요.

 보너스 레시피

배추 물김치
배추 가격이 괜찮다면 동일한 방법과 양념으로 배추 물김치를 만들어보세요. 배추(700~800g)는 30분만 절여도 충분해요.

매콤 물김치
3번 과정에 고춧가루 1~2큰술을 추가하세요.

주재료

양배추 1/4통(700~800g), 양파 1/4개 (50g), 쪽파 한 줌(20g), 청양고추 2개

양배추 절임 양념

물 1컵, 굵은 소금 3큰술, 스테비아 1/3컵

물김치 양념

물 1.5L, 액젓 2큰술, 국간장 1큰술, 알룰로스 2큰술, 소금 2큰술, 다진 마늘 2큰술, 다진 생강 0.5큰술

만드는 법

1 양배추와 양파는 한입 크기로, 쪽파는 2~4cm 길이로 썰고, 청양고추는 슬라이스한다.

2 양배추 절임 양념을 모두 섞어 잘 녹인 뒤 양배추에 부어 버무려 약 40분간 절인다.

양배추가 손으로 잘 휘어지면 잘 절여진 상태입니다. 40분이 지나도 덜 절여지면 10분 정도 추가하세요.

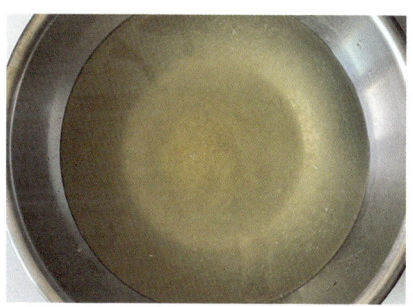

3 양배추가 절여지는 동안 물김치 양념을 잘 섞어둔다.

4 절인 양배추의 소금기를 물에 한 번 헹군 후 물기를 제거하여 쪽파, 청양고추를 넣고 ❸번 양념을 체에 걸러 절인 양배추에 부어 완성한다.

절인 후 소금기를 한 번 정도만 물에 헹궈주는 것이 포인트! 너무 여러 번 헹구면 싱겁고, 안 헹구면 짜요.

8장

입터짐을 막아주는 고단백&건강 간식

아무리 노력해도 간식 먹는 습관을 버릴 수 없다면,
탄수화물, 지방, 당은 최대한 조절하고 고단백에 초점을 둔
라미표 건강간식으로 조금은 죄책감에서 벗어나게 도와드릴게요.
때로는 식단으로 먹을 수 있는 메뉴들로 구성했어요.

보디빌딩 대회 준비하며 먹어도 되는 빛 같은 메뉴
저탄수 프로틴 팬케이크

🕐 15분

#간식이지만
#도시락도OK
#프로틴파우더

보디빌딩 시합 준비를 할 때 남편과 정말 자주 만들어 먹었던 프로틴 팬케이크! 시합 준비하면서 막바지 다이어트에 빵이나 브런치 느낌의 식사가 하고 싶거나 간식이 당길 때 먹으면 힘내서 다시 다이어트를 할 수 있게 해준 빛 같은 메뉴랍니다.

프로틴 파우더로 만드는 다양한 메뉴 중 가장 좋아하는 메뉴예요. 단백질도 챙기면서 노슈가 잼이나 노슈가 시럽과 곁들여 먹으면 좋은 꿀조합이고, 보통의 다이어트 때에는 과일이나 요거트, 견과류 등 다양한 토핑을 곁들여 먹었어요. 도시락으로 싸도 깔끔합니다.

주재료

프로틴 파우더 4큰술(약 30g), 아몬드가루 3큰술, 베이킹 파우더 1/4큰술, 달걀 1알, 물 1/3컵

양념

소금 1꼬집, 계피가루 조금, 식용유 1큰술, 알룰로스 1큰술

만드는 법

1 달걀과 물을 섞는다.

2 프로틴 파우더, 아몬드가루, 베이킹 파우더, 소금, 계피가루를 잘 섞는다.

아몬드가루가 없으면 오트밀가루 2큰술을 넣어주세요.

3 ❷에 달걀물을 넣어 뭉친 가루가 없을 때까지 섞는다.

4 달군 팬에 기름을 두르고 중약불에 팬케이크를 앞뒤로 잘 구워 알룰로스를 뿌려 먹는다.

반죽 윗면에 기포가 뽕뽕 생겨나면 거의 다 익었어요. 그때 뒤집으세요.

말차 덕후는 꼭 만들어보세요!
말차 프로틴 스프레드

 25분

 냉장 2주

#녹차잼
#통밀크래커

말차(녹차) 덕후인 저는 원래 녹차잼을 참 좋아했어요. 하지만 시중에 판매하는 녹차잼은 설탕이 가득해서 다이어트할 때는 엄두도 낼 수 없죠. 그래서 녹차잼 욕구를 충족시키면서 단백질까지 추가해서 더 건강하게 먹을 수 있는 노슈가 말차 프로틴 스프레드를 만들었답니다.

말차 때문에 호불호가 있는 메뉴겠지만, 말차(녹차) 덕후들은 꼭 먹어봤으면 해서 과감히 레시피북에 넣었어요. 한 번 만들면 양이 은근 많아서 친구들에게 나눠주기도 하는데, 통밀 크래커와 조합이 끝내줬다고 칭찬받은 스프레드랍니다.

 보너스 레시피

흑임자 스프레드

말차라떼 파우더 분량을 흑임자 가루 30g, 스테비아 30g으로 변경하여 같은 방식으로 홈메이드 흑임자 스프레드를 만들 수 있어요.

주재료

슈퍼말차 30g, 프로틴 파우더(바닐라맛 또는 곡물맛) 30g, 우유 200ml, 생크림 100ml

만드는 법

1 생크림과 우유를 넓고 깊은 팬에 부어준 뒤 슈퍼말차, 프로틴가루를 체에 걸러 넣는다.

슈퍼말차(말차라떼 파우더)가 없으면 말차분말 40g과 스테비아 30g으로 대체가능해요.

2 가루를 잘 섞은 뒤 중강불에서 저으며 끓인다.

3 한 번 끓어오르면 중불로 줄여 눌러붙지 않게 계속 저으며 농도를 맞춘다.(약 10분)

순식간에 눌러붙을 수 있으니 타지 않도록 집중해 저어주세요!

4 농도가 맞으면 물기가 없는 밀폐용기에 옮겨 담아 완성한다.

기분이 울적하면 케이크 앞으로!
오트밀 당근케이크

 25분

#시나몬과
#크림치즈의꿀조합
#기분전환

비타민A와 베타카로틴이 풍부한 당근은 몸에 좋지만 당근이라는 식재료 자체를 싫어하는 사람도 은근 많죠. 그런데 당근은 싫어하지만 당근케이크는 맛있게 드시는 분들도 많아요. 당근 불호자도 시나몬향과 달콤하고 부드러운 크림치즈의 꿀조합은 좋아할 수밖에 없어서겠죠?

다이어트 중에도 식단으로 즐길 수 있는 오트밀가루로 간단하게 만드는 꾸덕한 오트밀 당근케이크를 소개해요. 저는 다이어트 중 기념일이나 케이크가 필요한 날, 아니면 다이어트 식단만 먹어야 해서 울적한 날에 기분전환용으로 만들어 먹곤 해요.

케이크가 필요한 의미 있는 날에, 오트밀 당근케이크로 제대로 기분도 내고 특별한 식단으로 챙겨보는 건 어떨까요?

주재료
생오트밀가루 100g, 당근 100g, 달걀 4알, 견과류 40g, 두유 60ml

양념
스테비아 1큰술, 소금 2꼬집, 시나몬 파우더 1큰술, 식용유 0.3큰술

그릭요거트 크림
그릭요거트 150g, 크림치즈 50g, 스테비아 1큰술

만드는 법

1 볼에 달걀, 두유, 스테비아, 소금을 잘 녹인 뒤 오트밀가루, 시나몬파우더를 넣어 반죽을 만든다.

2 잘게 썬 견과류, 채칼로 곱게 밀어준 당근을 반죽에 넣는다.

3 전자레인지용 그릇에 식용유를 펴바른 뒤 반죽을 넣고, 전자레인지에 3분씩 2번 돌린다.

6분으로 한 번에 돌리면 속까지 잘 익지 않아요. 두 번째 돌릴 때 젓가락으로 찔러 반죽이 묻어나오지 않으면 다 익은 것!

4 전자레인지에 돌린 케이크시트를 한 김 식히고, 가로로 2등분 후 그릭요거트 크림을 샌딩한다.

케이크 위 데코는 제철과일도 좋고 시나몬파우더를 살짝 뿌려내도 예뻐요.

팁 에어프라이어로도 만들 수 있어요

160℃에서 5분간 예열한 에어프라이어에 20~25분간 구워요. 에어프라이어는 중간과정을 볼 수 없기 때문에 15~20분 정도 구운 뒤 살짝 열어 젓가락으로 찔러보고 더 돌릴지 결정해야 실패를 줄일 수 있어요.

비싸지만 맛없는 과일, 건강 잼으로 심폐소생!
홈메이드 노슈가 배잼

 20분

 냉장 2주

#맛없는과일
#처치곤란하면잼으로
#에이드가능

노슈가 잼은 빵에 발라먹거나 요거트에 토핑으로 추가하거나 탄산수에 넣어 에이드처럼 먹을 수 있어 활용도가 좋아요.
'배'는 100g당 50kcal로 과일 중 비교적 칼로리는 낮고 아미노산도 풍부해 피로회복에 도움을 줘요. 명절 후 냉장고에서 자리만 차지하던 배의 처리 방법을 고민하다 '잼을 만들어보자'는 호기심에 배잼을 만들었답니다.
살짝 맛없는 처치곤란한 과일이 있다면, 설탕 없이 맛있고 건강한 잼으로 재탄생시켜보세요.

주재료 | **양념**
배 700g | 알룰로스 2큰술, 소금 1꼬집, 레몬즙 0.5큰술

만드는 법

1 배는 껍질을 제거하고 믹서기에 갈릴 수 있는 크기로 썬다.

2 믹서기에 배를 간다.
알갱이가 씹히는 식감을 원한다면 갈지 말고, 칼로 잘게 다진 뒤 조리하세요.

3 냄비에 간 배, 알룰로스, 소금을 넣고 강불에서 5분, 중약불로 줄여 10분 동안 타지 않도록 저으며 조린다.
시나몬을 좋아하면 시나몬 0.5큰술 추가. 은은한 시나몬향과 달달한 배가 잘 어울려요.

4 점도가 꾸덕하게 나오면 레몬즙을 넣어 잘 섞은 뒤 불을 끄면 완성.
물기 없는 유리병에 담아 보관하세요.

팁 | 대추야자 시럽이 있다면 알룰로스와 대추야자 시럽을 각 1큰술씩 넣어 만들어도 좋아요. 색감이 더 진해지고 대추야자의 은은한 향이 곁들여져 더 근사해요.

건강하게 달콤한 저칼로리 과일청
노슈가 파인애플청

 10분

 냉장 2주

#피로회복
#과일도챙겨먹어요

파인애플은 100g당 50kcal로 열대과일 중 낮은 열량이고, 단백질 분해효소가 있어 에너지로 사용하고 남은 나머지 단백질을 지방으로 축적되지 않게 도와준답니다. 식이섬유가 많아 배변활동을 도와주고, 비타민도 풍부해 피로회복에도 탁월한 좋은 식재료예요.

과일이 가진 과당 때문에 다이어트할 때 과일은 무조건 피해야 한다지만, 적당량의 과일 섭취는 문제가 되지 않아요. 오히려 좋아하는 과일을 너무 참다 보면, 과일 폭식이라는 참사(!)로 이어질 수 있어요. 저는 식단에 과일 몇 조각씩 넣어주거나, 저칼로리 청을 담아 식단에 곁들이거나 에이드나 스무디로 즐겨요. 과일청 중에서도 파인애플청은 정말 강추하는 아이템이니까 마트에서 파인애플 할인행사를 한다면 무조건 장바구니에 넣어오세요.

주재료
파인애플 과육 250g

양념
스테비아 1컵

만드는 법

1 파인애플은 껍질과 심을 제거한 뒤 잘게 자른다.

과육만 판매하는 제품이 더 저렴한 경우도 많으니 꼭 확인하고 구입하세요.

2 파인애플과 스테비아를 잘 섞는다.

3 소독한 유리병이나 밀폐용기에 파인애플청을 담아 완성한다.

설탕으로 만든 청이 아니기 때문에 보관기간이 길지 않아요. 냉장보관으로 1~2주 안에 먹어야 가장 안전하고 맛있어요.

보너스 레시피

파인애플 에이드

탄산수 200ml, 레몬즙 1큰술, 파인애플청 2큰술과 얼음을 잘 섞어주면 상큼달콤한 파인애플 에이드 완성.

파인 그린 스무디

양배추 60g, 케일잎 2~3장, 파인애플청 2큰술, 물 250ml를 믹서에 갈아주면 완성.

과자가 땡기는 날에는
오프 찰도넛(오트밀 프로틴 찰도넛)

 2회 분량

 30분

#프로틴파우더
#쫀쫀바삭
#구움과자

설탕덩어리 시판용 도넛 대신 에어프라이어로 구운 오트밀 프로틴 찰도넛은 어떤가요? 도넛 몰드에 오트밀과 프로틴 파우더를 이용해 쫀쫀바삭한 식감의 도넛을 만들어 먹으면, 구움과자 류의 디저트가 먹고 싶은 욕구가 해소돼요. 2회 분량이라 반은 만들어 바로 먹고, 나머지는 냉동했다 에어프라이어에 돌리면 또 맛있어요. 사두고 잘 먹지 않는 프로틴 파우더가 있다면 꼭 만들어보세요.

 보너스 레시피

땅콩빵 찰도넛

땅콩만 넣고 만들면, 겨울 최애간식 땅콩빵 맛이랍니다. 견과류 대신 40g의 땅콩을 다져 넣고, 동일한 방식으로 만들면 됩니다. 단, 땅콩빵 맛을 구현하기 위해서는 프로틴 가루가 인절미맛이나 무맛이어야 해요.

주재료

퀵오트밀 80g, 프로틴 파우더 30g, 플레인요거트 2/3컵(120g), 견과류 25g, 베이킹소다 0.2큰술

양념

알룰로스 0.5큰술, 소금 1꼬집, 식용유 0.3큰술

만드는 법

1 견과류와 식용유를 뺀 모든 재료를 섞어 반죽한다.

프로틴 맛에 따라 다양한 맛의 찰도넛을 만들 수 있어요..

2 키친타월에 식용유를 묻혀 도넛 틀에 고루 발라 코팅한다.

도넛 틀이 없다면 종이컵으로도 만들 수 있어요.

3 반죽을 틀에 잘 넣은 뒤 견과류를 고루 얹는다.

4 에어프라이어 170℃에서 15~20분 굽는다.

냉동시켜 둔 도넛은 해동 없이 에어프라이어에 180℃에서 4분간 돌리면 빠삭해져요.

> **팁 전자레인지로도 만들 수 있어요**
>
> 2~3분 돌린 뒤 젓가락으로 찔러 반죽이 묻어 나오지 않으면 OK! 틀에 따라, 전자레인지 출력에 따라 익는 정도가 달라서, 젓가락으로 익은 정도를 확인해주세요.

바삭&쫄깃, 두 가지 식감을 동시에 즐기는
초간단 닭가슴살칩

 20분

#단백질간식
#과자식감
#육포식감

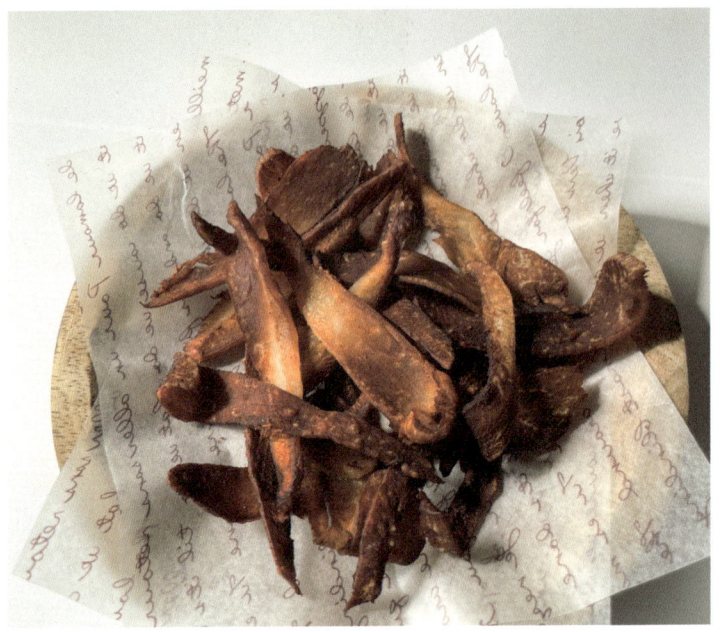

저는 보디빌딩 시합 일주일 전까지 빵도 먹으며, 탄수화물이 들어간 건강 식단으로 챙겨 먹었어요. 하지만 시합에 임박하면 단백질만 챙겨먹어야 하는 시기가 있어요. 시중에 파는 닭가슴살칩은 비싸서 바가지 쓰는 기분이라, 완제품 닭가슴살을 에어프라이어로 살짝 오버쿡했더니 매력적인 식감의 닭가슴살칩이 완성되더라고요.

얇아서 빠짝 구워진 부분은 ASMR을 할 수 있을 정도로 소리와 식감이 좋았고, 살짝 덜 바삭한 부분은 육포처럼 쫄깃해서 두 종류의 식감을 모두 느낄 수 있어요. 시합 기간에 소소한 행복을 안겨준 소중한 간식이라 꼭 소개하고 싶었답니다.

주재료

닭가슴살(완제품) 100g

만드는 법

1\. 닭가슴살을 0.5cm 이하로 아주 얇게 슬라이스 한다. 얇게 썰수록 바삭한 식감이 살아난다.
액체형 소스가 많은 닭가슴살은 비추천!

2\. 종이호일에 닭가슴살을 겹치지 않게 펼쳐, 에어프라이어 180℃에서 13~15분 바싹 구운 후 식힌다.

에어프라이어의 출력이 다르기 때문에 13분 돌려본 뒤, 상태를 보고 더 돌릴지 선택하세요.

만들어 바로 먹는 게 가장 바삭해요. 식으면 눅눅하고 딱딱해져요.

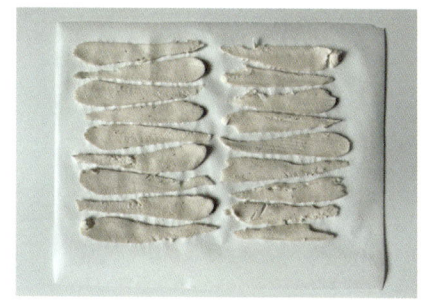

 2회 분량

 20분

#프로틴파우더
#불사용없음

떡순이 다이어터, 힘내세요!
프로틴 찰떡

떡의 쫄깃쫀득한 식감을 정말 사랑하는데, 떡은 탄수화물 폭탄 중에 폭탄이라 다이어트 중에는 부담스러워 못 먹는 경우가 많죠.
하지만 집 한구석에 자리를 차지하고 있는 프로틴 파우더로 전자레인지를 이용해 간단하게 떡 느낌을 낼 수 있어요. 프로틴 파우더 맛에 따라 찰떡의 맛이 달라지고 함께 넣어주는 토핑에 따라 다른 느낌을 낼 수 있으니 떡순이라면 건강한 프로틴 찰떡을 꼭 만들어보세요.

주재료
찹쌀가루 150g, 프로틴 파우더 50g, 견과류 30g

양념
스테비아 1큰술, 소금 2꼬집, 뜨거운 물 120ml, 참기름 조금

만드는 법

1 전자레인지 사용이 가능한 볼에 찹쌀가루, 프로틴 파우더, 견과류, 스테비아, 소금을 잘 섞는다.

상큼한 맛의 프로틴 파우더는 비추천!

2 뜨거운 물을 나누어 부어가며 잘 섞어 익반죽 한다.

3 랩을 씌워 전자레인지에 3분간 돌린 뒤 꺼내 잘 섞는다.

4 종이호일에 참기름을 바르고, 먹기 좋은 크기로 자르거나 둥글게 빚어준다.

바로 먹지 않으면 딱딱해져요. 랩으로 잘 감싸 지퍼백에 담아 냉동보관 후 해동해 드세요.

단백질 충전하는 바삭 과자
달콤 면두부 라면땅

 20분

#과자의유혹
#달콤버전
#맵짠버전

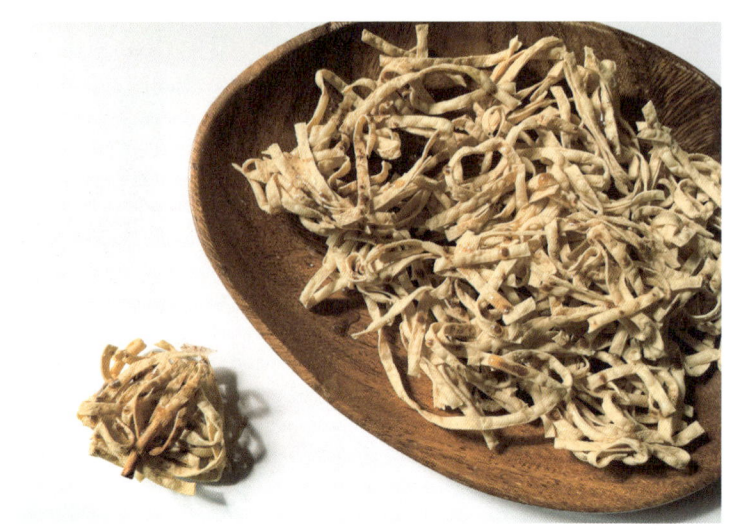

저는 일평생 과자를 사랑했어요. 다이어트 중 가장 참기 힘든 유혹도 과자인데, 정신 차리고 보면 어느 순간에 과자봉지를 들고 있더라고요. 과자가 없으면 라면이라도 부숴 전자레인지에 돌려 빠삭하게 먹던 기억을 되살려, 다이어트 중에도 죄책감 없이 즐길 수 있는 면두부 라면땅을 만들었답니다. 아삭한 식감에 달콤한 맛까지 갖춘 매력적인 라면땅, 달콤 버전과 맵짠 버전 두 가지로 별다른 수고 없이 만들 수 있어요. 고단백으로 단백질 충전까지 해주니 너무 좋겠죠.

 **보너스 레시피**　**매콤 면두부 라면땅**

3번 과정에서 알룰로스와 시나몬가루 대신 파프리카가루 0.3큰술, 맛소금 0.5큰술, 후추 취향껏 조금 섞어서 면두부가 갓 구워져 따뜻할 때 먹기 좋게 부숴준 뒤 버무려주세요! 다 식은 뒤에 가루를 묻히면 잘 안 묻어요.

주재료 | **양념**

면두부 100g | 알룰로스 1큰술, 시나몬가루 0.5큰술

만드는 법

1 면두부는 흐르는 물에 헹궈 키친타월로 물기를 제거한다.

얇은 면두부는 바삭하고, 넓은 면두부는 씹는 맛이 좋아요.

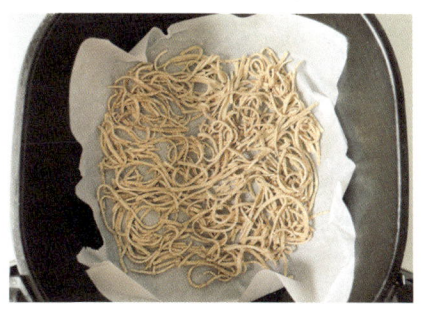

2 에어프라이어 170℃에서 10분 돌린 뒤 뒤집어 5분 바삭하게 구워낸다.

겹치지 않게 깔아줘야, 면두부의 수분이 빠져 바삭해져요.

3 알룰로스와 시나몬가루를 잘 섞어 구워진 면두부에 골고루 뿌려 먹는다.

팁 | 찍먹용 딥소스

아무 간도 하지 않고 면두부만 바삭하게 만들어 딥소스를 찍어 먹어도 좋아요.
딥소스는 마요네즈 1큰술, 알룰로스 0.3큰술, 식초 0.3큰술, 다진 양파 조금.

재료별 찾아보기

* 이 책에 소개된 요리(보너스 레시피 포함)를 재료별 가나다 순으로 정리했습니다.
* 곁들이는 용도나 토핑용으로 들어간 재료, 한 번만 사용된 재료는 넣지 않았습니다.

가지
라따뚜이 샌드위치 44
단짠 가지구이 덮밥 80
매콤 가지구이 덮밥 81
전자레인지 라따뚜이 100

가다랑어포
치킨 데리야키 오차즈케 144
게맛살 롤초밥, 가다랑어포 간장달걀밥 148

그릭요거트
토마토 오픈 토스트 52
흑임자 그릭 샌드 90
앙그릭 샌드위치 103
오트밀 당근케이크 224

게맛살
라이스페이퍼 양장피 30
저염 돌솥알밥, 저염 비빔밥 68
푸팟퐁커리 93
칠리 게살 덮밥, 칠리 새우 덮밥, 칠리 오징어 덮밥 118
게맛살 롤초밥 148
묵은지 게맛살 김밥 166

견과류
노슈가 멸치볶음 200
단짠 병아리콩 자반, 콩자반 202
오트밀 당근케이크 224
오픈 찰도넛, 땅콩빵 찰도넛 230
프로틴 찰떡 234

고추(청양고추)
면두부 탄탄면 48
천사채 양운센 50
단짠매콤 오징어 소면 60
오트밀 시골맛 고추장떡 64
세발나물 오트밀전, 바삭쫀득 세발나물 타피오카전 94
참치 불고기 실곤약 볶음면 112
칠리 게살 덮밥 118
크림탕 124
천사채 달걀 만두 128
오트밀 김전 140
매콤 쏘야 볶음면 142
소시지 땡초 김밥 158
매콤 진미채 당근 김밥 163
콩나물 김밥 170
양념 생깻잎지, 양념 깻잎찜 204
수제어묵 208
달걀 고추장조림 210
단짠 버섯 장아찌 214
물김치 216

곤약면(실곤약)
다이어트 스키야키 33
오징어 짬뽕 76
오징어 땅콩 소면 79
참치 불고기 실곤약 볶음면 112
쏘야 볶음면, 매콤 쏘야 볶음면 142

김(김가루, 김밥김)
육회 군함말이 34
육회 김밥 35
오트밀 김전 140
게맛살 롤초밥 148
다이어트 꼬마김밥 150
세발나물 김밥 152
달걀 와사비마요 김밥 154
풀드포크 사각 김밥 156
소시지 땡초 김밥 158
후무스 김밥 160
비건 후무스 김밥 161
진미채 당근 김밥 162
매콤 진미채 당근 김밥 163
양배추 라페 김밥 164
상큼 해초 김밥 168
콩나물 김밥 170
면두부 샐러드 김밥 172
김치 치즈 김밥 174

김치, 묵은지
비벼 먹는 청국장 60
저염 돌솥알밥, 저염 비빔밥 68
볶음김치 삼각 두부샌드 82
저염저당 돼지김치볶음 83
오트밀 3치죽 86
세발나물 김밥 152
다이어트 묵참 김밥, 묵은지 게살 김밥, 묵은지 닭가슴살 김밥 166
김치 치즈 김밥 174

깻잎
오트밀 시골맛 고추장떡 64
콩닭찜 74
콩나물 해물찜 75

게맛살 롤초밥 148
달걀 와사비마요 김밥 154
풀드포크 사각 김밥 156
콩나물 김밥 170
면두부 샐러드 김밥 172
양념 생깻잎지, 양념 깻잎찜 204

달걀

다이어트 나시고렝 26
라이스페이퍼 양장피 30
다이어트 스키야키 33
다이어트 부추빵 38
고구마 뇨끼, 단호박 뇨끼 46
고추장, 소금, 간장 육회비빔밥 58
보들보들 달걀카레 92
푸팟퐁커리 93
세발나물 오트밀전 94
오트밀 콘치즈전 96
전자레인지 라따뚜이 100
화이트 라구 피자 106
로제 라구 샌드위치 108
칠리 게살 덮밥, 칠리 새우 덮밥, 칠리
  오징어 덮밥 118
천사채 달걀 만두 128
카스텔라 달걀치즈구이 샌드, 카스텔라
  달걀찜 134
수란 136
오트밀 카레전 138
가다랑어포 간장달걀밥 148
다이어트 꼬마김밥 150
세발나물 김밥 152
달걀 와사비마요 김밥 154
풀드포크 사각 김밥 156
양배추 라페 김밥 164
상큼 해초 김밥 168
수제어묵 208
달걀 고추장조림 210

오트밀 당근케이크 224

닭가슴살, 닭안심, 닭가슴살 소시지&햄

봄나물 오일 파스타 28
다이어트 부추빵 38
토마토 마리네이드 냉파스타 42
천사채 양운센 50
닭가슴살 장떡 65
닭가슴살 고추장찌개 71
콩닭찜 74
오트밀 피자죽 98
전자레인지 라따뚜이 100
빵빵지 샌드위치 104
닭가슴살 오트밀 크레페 랩 122
두부선 126
천사채 달걀 만두 128
멕시칸 샐러드 샌드위치 132
오트밀 카레전 138
쏘야 볶음면, 매콤 쏘야 볶음면 142
다이어트 버전 쏘야 143
치킨 데리야끼 오차즈케 144
소시지 땡초 김밥 158
후무스 김밥 160
양배추 라페 김밥 164
묵은지 닭가슴살 김밥 166
콩나물 김밥 170
김치 치즈 김밥 174
초간단 닭가슴살칩 232

당근

라이스페이퍼 양장피 30
다이어트 스키야키 33
단짠매콤 오징어 소면 60
닭가슴살 오트밀 크레페 랩 122
천사채 달걀 만두 128
오트밀 카레전 138
오트밀 김전 140

오트밀 당근케이크 224

다이어트 꼬마김밥 150
세발나물 김밥 152
소시지 땡초 김밥 158
후무스 김밥, 대용량 후무스 160
비건 후무스 김밥 161
진미채 당근 김밥 162
면두부 샐러드 김밥 172
당근 라페 184
다이어트 화이트 라구 192
양념 생깻잎지, 양념 깻잎찜 204
참치 불고기 206
수제어묵 208
진미채 초무침 212
오트밀 당근케이크 224

돼지고기

면두부 탄탄면 48
단짠 가지구이 덮밥 80
매콤 가지구이 덮밥 81
볶음김치 삼각 두부샌드 82
돼지김치볶음 83
다이어트 대용량 풀드포크 180
대용량 함박스테이크 182
대용량 드라이 카레 186
다이어트 화이트 라구, 토마토 라구 192

두부, 순두부

다이어트 스키야키 32
비벼 먹는 청국장 62
두부 장떡 65
순두부 들깨탕 66
참치 고추장찌개 70
구운 두부 미역국 72
엄마맛 오징어 고추장찌개, 오징어짬
  뽕, 맑은 오징어뭇국 76
볶음김치 삼각 두부샌드 82
두부선 126

팽이버섯 순두부 매콤조림 130
순두부 양파 덮밥 136
비건 후무스 김밥 161
대용량 다이어트 강된장 178

들깻가루
들깨 샤브샤브 40
순두부 들깨탕 66

땅콩버터
면두부 탄탄면 48
얼큰 탄탄 국밥 49
오징어 땅콩 덮밥 78
오징어 땅콩 소면 79
빵빵지 샌드위치 104

면두부
면두부 탄탄면 48
단짠매콤 오징어 소면 60
오징어 간장 비빔국수 61
오징어 땅콩 소면 79
면두부 샐러드 김밥 172
강된장 면두부 볶음면 178
달콤, 매콤 면두부 라면땅 236

무
엄마맛 오징어 고추장찌개, 오징어짬
뽕, 맑은 오징어뭇국 76

바게트
라따뚜이 샌드위치 44
토마토 오픈 토스트 52
드라이 카레 마늘빵 110

밥(잡곡밥)
육회 군함말이, 육회 치즈 군함말이, 육
회 김밥 35
가다랑어포 간장달걀밥 48
얼큰 탄탄 국밥 49
고추장, 소금, 간장 육회비빔밥 58
오징어 땅콩 덮밥 78

단짠 가지구이 덮밥 80
매콤 가지구이 덮밥 81
드라이 카레 그라탕 114
칠리 게살 덮밥, 칠리 새우 덮밥, 칠리
오징어 덮밥 118
게맛살 롤초밥 148
다이어트 꼬마김밥 150
세발나물 김밥 152
달걀 와사미마요 김밥 154
풀드포크 사각 김밥 156
소시지 땡초 김밥 158
진미채 당근 김밥 162
양배추 라페 김밥 164
다이어트 묵참 김밥 166
상큼 해초 김밥 168
콩나물 김밥 170
면두부 샐러드 김밥 172
김치 치즈 김밥 174

버터
앙버터 샌드위치 102
드라이 카레 마늘빵 110

버섯(느타리, 팽이, 표고)
다이어트 스키야키 33
고구마 뇨끼, 단호박 뇨끼 46
면두부 탄탄면 48
비벼 먹는 청국장 62
순두부 들깨탕 66
팽이버섯 순두부 매콤조림 130
대용량 다이어트 강된장 178
단짠 버섯 장아찌 214

부추
다이어트 부추빵 38
오트밀 시골맛 고추장떡 64
천사채 당면 잡채 129

빵(모닝빵, 식빵)
다이어트 부추빵 38
참치 불고기 오픈 샌드위치 54

풀드포크 버거 88
앙버터 샌드위치 102
빵빵지 샌드위치 104
로제 라구 샌드위치 108
카스텔라 달걀치즈구이 샌드 134

병아리콩, 콩
후무스 김밥, 대용량 후무스 160
비건 후무스 김밥 161
단짠 병아리콩 자반, 콩자반 202

상추, 양상추
라따뚜이 샌드위치 44
천사채 얌운센 50
고추장, 소금, 간장 육회비빔밥 58
풀드포크 버거 88
로제 라구 샌드위치 108
후무스 김밥 160
비건 후무스 김밥 161

새우
다이어트 나시고렝 28
콩나물 해물찜 77
푸팟퐁커리 95
칠리 새우 덮밥 118
새우 수제어묵 208
크림탕 126
새우 수제어묵 210

세발나물
세발나물 오트밀전 96
세발나물 샌드위치 122
세발나물 김밥 154

소고기
다이어트 스키야키 35
육회 군함말이, 육회 치즈 군함말이, 육
회 김밥 37
고추장, 소금, 간장 육회비빔밥 60
강된장 찌개 178
대용량 함박스테이크 184

숙주
다이어트 나시고렝 28
면두부 탄탄면 48

스테비아
저당 단팥 188
저염저당 데리야끼 소스 197
단짠 버섯 장아찌, 다이어트 맛간장 214
양배추 물김치, 배추 물김치, 매콤 물김치 216
흑임자 스프레드 222
노슈가 파인애플청 228

애호박, 호박
오징어 알리오 올리오 38
라따뚜이 샌드위치 46
참치 고추장찌개 72
엄마맛 오징어 고추장찌개, 오징어짬뽕, 맑은 오징어뭇국 76
전자레인지 라따뚜이 100
오트밀 카레전 138
강된장 찌개 178

양배추(적양배추)
다이어트 스키야키 33
면두부 탄탄면 48
단짠매콤 오징어 소면 60
오징어 땅콩 덮밥 79
닭가슴살 오트밀 크레페 랩 122
크림탕 124
맥시칸 샐러드 샌드위치 132
게맛살 롤초밥 148
면두부 샐러드 김밥 172
대용량 다이어트 강된장 178
양배추 라페 184
참치 불고기 206
양배추 물김치, 배추 물김치, 매콤 물김치 216
파인 그린 스무디 229

양배추 라페
풀드포크 버거 88
빵빵지 샌드위치 104
후무스 김밥 160
비건 후무스 김밥 161
양배추 라페 김밥 165

양파
다이어트 나시고렝 26
라이스페이퍼 양장피 30
다이어트 스키야키 32
오징어 알리오 올리오 36
라따뚜이 샌드위치 44
고구마 뇨끼 46
단짠매콤 오징어 소면 60
오징어 간장 비빔국수 61
순두부 들깨탕 66
참치 고추장찌개 70
닭가슴살 고추장찌개 71
콩닭찜 74
콩나물 해물찜 75
오징어 땅콩 덮밥 78
오징어덮밥 78
오징어 땅콩 소면 79
풀드포크 버거, 풀드포크 샌드위치, 풀드포크 또띠아 랩 88
전자레인지 라따뚜이 100
빵빵지 샌드위치 104
로제 라구 샌드위치 108
매콤 로제 라구 샌드위치 109
칠리 게살 덮밥, 칠리 새우 덮밥, 칠리 오징어 덮밥 118
닭가슴살 오트밀 크레페 랩 122
천사채 당면 잡채 129
멕시칸 샐러드 샌드위치 132
순두부 양파 덮밥 136
오트밀 카레전 138
쏘야 볶음면, 매콤 쏘야 볶음면 142
다이어트 버전 쏘야 143
게맛살 롤초밥 148
대용량 강된장, 강된장 찌개 178

대용량 함박스테이크 182
대용량 드라이 카레 186
다이어트 토마토 마리네이드 190
다이어트 화이트 라구 192
양념 생깻잎지, 양념 깻잎찜 204
참치 불고기 206
진미채 초무침 212
단짠 버섯 장아찌 214
양배추 물김치 216

오이
라이스페이퍼 양장피 30
토마토 오픈 토스트 52
저염 돌솥알밥, 저염 비빔밥 68
천사채 얌운센 50
빵빵지 샌드위치 104
닭가슴살 오트밀 크레페 랩 122
맥시칸 샐러드 샌드위치 132
다이어트 꼬마김밥 150
양배추 라페 김밥 164
면두부 샐러드 김밥 172
진미채 초무침, 진미채 초무침 비빔밥 212
진미채 초무침 비빔면 213

오징어
오징어 알리오 올리오 36
단짠매콤 오징어 소면 60
오징어 간장 비빔국수 61
콩나물 해물찜 75
엄마맛 오징어 고추장찌개, 오징어짬뽕, 맑은 오징어뭇국 76
오징어 땅콩 덮밥, 오징어 덮밥 78
오징어 땅콩 소면 79
칠리 오징어 덮밥 118
오징어 수제어묵 208

오트밀
오트밀 시골맛 고추장떡 64
오트밀 미역죽 72
오트밀 3치죽 86

오트밀 단팥죽 91
오트밀 콘치즈전 96
오트밀 피자죽 98
두부선 126
오트밀 카레전 138
오트 찰도넛, 땅콩빵 찰도넛 230

오트밀가루, 귀리가루
고구마 뇨끼, 단호박 뇨끼 46
세발나물 오트밀전 94
닭가슴살 오트밀 크레페 랩 122
오트밀 김전 140
대용량 함박스테이크 182
오트밀 당근케이크 224

우유, 두유
고구마 뇨끼, 단호박 뇨끼 46
보들보들 달걀카레 92
푸팟퐁커리 93
드라이 카레 그라탕 114
크림탕 124
카스텔라 달걀치즈구이 샌드 134
저당 단팥라떼 188
다이어트 화이트 라구 192
말차 프로틴 스프레드 222
오트밀 당근케이크 224

진미채
진미채 당근 김밥, 매콤 진미채 162
매콤 진미채 당근 김밥 163
진미채 초무침, 진미채 초무침 비빔밥 212
진미채 초무침 비빔면 213

참치(캔)
참치 불고기 오픈 샌드위치 54
참치 고추장찌개 70
오트밀 3치즈 86
참치 불고기 실곤약 볶음면 112
다이어트 묵참 김밥 166
참치 불고기 206

치즈(슬라이스 치즈, 피자치즈)
육회 치즈 군함말이 35
오트밀 3치즈 86
오트밀 콘치즈전 96
오트밀 피자죽 98
전자레인지 라따뚜이 100
화이트 라구 피자 106
드라이 카레 그라탕 114
닭가슴살 오트밀 크레페 랩 122
카스텔라 달걀치즈구이 샌드 134
김치 치즈 김밥 174
다이어트 화이트 라구 192

천사채
천사채 얌운센 50
천사채 달걀 만두 128
천사채 당면 잡채 129

카레
보들보들 달걀카레 92
푸팟퐁커리 93
드라이 카레 마늘빵 110
드라이 카레 그라탕 114
오트밀 카레전 138
대용량 드라이 카레 186

콩나물
콩닭찜 74
콩나물 해물찜 75
콩나물 김밥 170
콩나물 무침 171

토마토, 방울토마토
토마토 마리네이드 냉파스타 42
라따뚜이 샌드위치 44
천사채 얌운센 50
토마토 오픈 토스트 52
참치 불고기 오픈 샌드위치 54
풀드포크 버거 88
전자레인지 라따뚜이 100
빵빵지 샌드위치 104

로제 라구 샌드위치 108
다이어트 토마토 마리네이드 190

파스타
봄나물 오일 파스타 28
오징어 알리오 올리오 36
토마토 마리네이드 냉파스타 42

파프리카
다이어트 나시고렝 26
라이스페이퍼 양장피 30
오징어 알리오 올리오 36
오트밀 피자죽 98
쏘야 볶음면, 매콤 쏘야 볶음면 142
다이어트 버전 쏘야 143
단짠 버섯 장아찌 214

팥, 단팥
오트밀 단팥죽 91
앙버터 샌드위치 102
저당 단팥 188
저당 단팥라떼 188

프로틴 파우더
저탄수 프로틴 팬케이크 220
말차 프로틴 스프레드 222
오프 찰도넛, 땅콩빵 찰도넛 230
프로틴 찰떡 234

햄(저지방)
고구마 뇨끼, 단호박 뇨끼 46
세발나물 샌드위치 120

흑임자
흑임자 그릭 샌드 90
노슈가 흑임자 드레싱 195
흑임자 스프레드 222

1주일 3만원 식단표

집에서 해 먹는 것보다 사 먹는 게 더 싸다고 생각하는 분들도 있죠?
장 보고, 요리하고, 뒷정리하는 수고로움과 애써 장 보고 온 재료들이 '아차' 하는 사이에 상해서 음식물 쓰레기가 되는 위험까지 생각한다면 그럴 수도 있어요.

그런데 내 월급 빼고 물가가 다 무섭게 오르는 요즘, '제대로 된 하루 세 끼'를 챙기려면 '집밥'이 최선이에요. 대용량 요리를 만들어 요리 시간도 줄이고, 가성비 재료를 살짝만 변주시켜 다양한 메뉴로 만들면 알차게 1주일 식단을 구성할 수 있답니다.

달걀 5알, 두부 3모(각 300g), 닭가슴살 400g, 캔참치 200g, 건미역 50g, 김밥김, 순두부 1개, 콩나물 350g, 세발나물 300g, 게맛살 300g, 팽이버섯 1봉, 피자치즈 60g, 당근 50g, 깻잎 2묶음, 청양고추 3개

	월	화	수	목	금	토	일
아침	오트밀 3치죽 1차	순두부 양파 덮밥 1차	오트밀 3치죽 2차	두부선 2차	오트밀 미역죽 1차	볶음김치삼각 두부샌드	오트밀 미역죽 2차
점심	콩나물김밥	두부선 1차	세발나물 김밥 1차	다이어트 묵참 김밥	칠리 게살 덮밥 1차	묵은지 게맛살 김밥	칠리 게살 덮밥 2차
저녁	참치 고추장 찌개	구운 두부 미역국 1차	닭가슴살 고추장찌개	콩닭찜	세발나물 김밥 2차	순두부 양파 덮밥 2차	구운 두부 미역국 2차

[일러두기]
- 밥, 김치, 대파, 양파, 장류와 양념은 장보기 재료에 포함시키지 않았어요.
- 다이어터들이 많이 갖고 있는 오트밀과 프로틴 파우더는 장보기 물품에서 뺐어요.
- 레시피에는 있지만 장보기 리스트에 없는 재료들은 빼고 요리해도 괜찮아요.
- 계절과 상황에 따라 가격 변동이 있을 수 있어요.(2023년 2월 기준)
- 돼지안심은 닭가슴살로 대체해서 요리하세요.

라미의 꿀맛보장 다이어트 레시피

초판 1쇄 발행 2023년 3월 15일

지은이	이주아
펴낸이	최선애
펴낸곳	북테이블
출판등록	제2020-000120호
주소	03939 서울시 마포구 월드컵북로27길 62
전화	02.303.3690
팩스	0504.343.8650
이메일	service@booktable.co.kr
홈페이지	www.booktable.co.kr

디자인	디박스
교정교열	이현정
인쇄대행	공간코퍼레이션

ⓒ이주아, 2023. Printed in Seoul, Korea
값 19,800원 ISBN 979-11-975196-6-6 13590

- 이 책은 저작권법에 따라 보호받는 저작물이므로 무단 전재와 무단 복제를 금지하며,
  이 책의 내용의 전부 또는 일부를 이용하려면 반드시 저작권자와 북테이블의 서면 동의를 받아야 합니다.
- 인쇄, 제작 및 유통 상의 파본 도서는 구입처에서 교환해 드립니다.
- 북테이블은 당신의 소중한 지식과 경험 그리고 참신한 아이디어를 기다립니다. 책 출간을 희망하거나
  제안 아이디어가 있다면 book_table@naver.com으로 간단한 개요와 연락처 등을 보내주세요.

<냉장고 지도> 만들고,
생활비 다이어트와 제로웨이스트 도전!

 **Step 1** 냉장고 속 보관만 하고 있는 식재료를 살리고, 상하거나 유통기한이 지난 식재료는 정리하세요.

 **Step 2** 냉장고 지도를 처음 작성할 때, 미뤄둔 냉장고 청소도 같이 해요.

 **Step 3** 1주일 장보기 금액을 정하고, 그 금액 안에서만 장을 보세요. 1주일 또는 2주일에 한 번은 냉장고 지도를 정리하세요.

* 코팅지로 코팅하거나 투명 파일에 넣어 냉장고에 붙여 사용해도 좋아요.
* 수성 보드마카펜으로 작성하면 헝겊이나 마른 휴지로 쉽게 지워져요.
* 냉장고 지도는 북테이블 홈페이지(www.booktable.co.kr)에서 내려받을 수 있어요.

냉장고지도

식비 절약 첫 걸음

라미의 꿀맛보장 다이어트 레시피 특별부록

[미션 1]
있는 재료, 먼저 먹어요!

[미션 2]
냉장고는 70%만 채워요!

[미션 3]
2주에 한 번은 새로 지도를 만들어요!

- 냉장

- 냉동

- 냉장 문칸

- 신선실

- 냉동 문칸

- 실온 재료

외식 부럽지 않은
일주일 메뉴

북테이블 출판사 홈페이지에서 내려받으세요.

월

화

수

목

금

토	일

- 장보기 리스트
- 메모